Jakob Kellenberger

Diplomat und IKRK-Präsident

im Gespräch mit Hansjörg Erny

D1735634

Jakob Kellenberger
Diplomat und IKRK-Präsident

im Gespräch mit Hansjörg Erny

Zytglogge

Alle Rechte vorbehalten
Copyright by Zytglogge Verlag, 2006
Lektorat   Hugo Ramseyer
Umschlagfoto   Jean Mohr
Fotos Inhalt   IKRK und Keystone
Gestaltung/Satz   Zytglogge Verlag, Roland E. Maire
Druck   AZ Druck und Datentechnik GmbH, Kempten
ISBN 13: 978-3-7296-0720-0
ISBN 10: 3-7296-0720-0

Zytglogge Verlag, Schoren 7, CH-3653 Oberhofen am Thunersee
info@zytglogge.ch · www.zytglogge.ch

Inhalt

Anhang

Das IKRK im Überblick

Im Dienste des humanitären Völkerrechts

Steile Treppen führen auf den kleinen Hügel an der Genfer Avenue de la Paix, zum Maison de Pregny mit den Rotkreuzfahnen auf dem Dach. Es steht kein Wachmann an der Tür, unbehelligt gelangt man ins Innere bis zum Empfang.

«Ich bin mit dem Präsidenten verabredet», sage ich. «Mit dem Präsidenten?», tönt es fast ungläubig zurück. Die Assistentin wird gerufen, sie führt mich in den Salon und bittet um etwas Geduld. Ich befinde mich im historischen Altbau aus dem Jahr 1876, den man von Fotos und aus Fernsehberichten kennt, ein Gebäude, das jahrzehntelang ein Internat beherbergte und später als Hotel Carlton geführt wurde. Vor Jahren besuchte ich hier einmal eine Medienkonferenz, jetzt ist das Haus für mich Ort interessanter mehrstündiger Gespräche mit dem IKRK-Präsidenten geworden.

Von hier aus leitet Jakob Kellenberger seit Januar 2000 das Internationale Komitee vom Roten Kreuz. Der frühere Staatssekretär ist verantwortlich für rund 13 000 Mitarbeiterinnen und Mitarbeiter. Von hier aus betreibt er seine Diplomatie für das humanitäre Völkerrecht, hier plant er seine Reisen in die Krisengebiete und zu den Mächtigen der Welt.

Der Altbau wurde bald einmal zu eng, so dass das IKRK auf der Nordseite von 1984–1996 vier Neubauten in Betrieb nahm. Zwei Gebäude wurden 2006 erweitert – auch das IKRK ist auf Expansionskurs.

Jakob Kellenberger ist pünktlich. Sportlich eilt er über die Treppenstufen, geht voraus in sein Büro, und während ich das Tonbandgerät installiere, sagt er, er habe sich intensiv auf meine Fragen vorbereitet, einige seien jedoch heikel, deshalb müsse er sich seine Antworten gut überlegen. Er wiederholt, was er schon bei der Vorbesprechung, als ich ihn für das Interviewbuch zu gewinnen suchte, wieder und wieder betonte: Als IKRK-Präsident sei er der Vertraulichkeit verpflichtet und überdies wolle er im Buch nicht zu viel Persönliches und Privates verraten.

Ich habe Kellenberger seit vielen Jahren nicht mehr getroffen, doch er wirkt auf mich genau so, wie ich ihn aus meiner Zeit als Bundeshaus- und Europakorrespondent in Erinnerung habe: besonnen, hartnäckig, eigenwillig. Er will die Sache in den Vordergrund stellen, nicht seine Person und Emotionen schon gar nicht.

«Legen wir los!», mahnt er. Er wirkt immer etwas getrieben, als müsse er gleich aufbrechen. Tatsächlich gibt es Zeiten, in denen der IKRK-Präsident eine Reise nach der andern absolviert. Spricht man ihn darauf an, wehrt er ab. «Sie wissen, ich bin kein Freund der Übertreibung, es kommen immer wieder ruhigere Zeiten.» Nach vorn gebeugt sitzt er da, den Kopf in die Hände gestützt. Manchmal spricht er bedächtig und leise, dann wieder lebendig und laut. Immer aber konzentriert. Pausen braucht er kaum, höchstens, um einen Schluck Kaffee oder Wasser zu trinken. «Ziehen wir es durch», bekomme ich dann und wann zu hören. Doch ganz ohne Unterbruch gehts nicht. Ab und zu tritt die Assistentin ins Büro, legt ihm ein Papier zum Unterschreiben vor, einen Zettel mit einer Telefonnummer. Le Président, wie er im Haus genannt wird, steht auf, geht hinters Pult, sagt entschuldigend, das Telefonat mit dem spanischen Botschafter dulde keinen Aufschub. Ich schaue mich derweilen im geräumigen, aber bescheiden möblierten Raum um – Pult, Konferenztischchen, Fauteuils, Bücherregale, alles eher altmodisch. Überall stapeln sich Ordner, Dossiers, Papier. Der Blick durchs Fenster geht auf das Palais des Nations.

Ein wohlklingendes Spanisch erfüllt den Raum, ich spüre, er spricht die Sprache mit Freude. Doch bald sitzt er wieder vor dem Mikrofon.

«Ich bin kein Anekdotenerzähler», entgegnet er, wenn ich dränge, spannende persönliche Erlebnisse zu erzählen. Kellenberger überlegt oft lange, bevor er antwortet, setzt nicht selten mehrmals an, würde die Sätze wohl am liebsten neu formulieren, noch präziser, noch unmissverständlicher. Ein anstrengender Partner für einen Journalisten, der es gewohnt ist, auch Kompliziertes auf den Punkt zu bringen. Mit der Zeit gibt er etwas von der Zurückhaltung auf, erzählt entspannter.

Es war mir und dem Verleger von Anfang an klar, dass sich der IKRK-Präsident zu vielen Fragen wegen seiner exponierten Position sehr vorsichtig und zurückhaltend äussern muss und hartnäckiges Nachfragen keinen weiteren Aufschluss bringen wird. Ich bin überzeugt, dass Jakob Kellenberger in diesen Gesprächen trotzdem als spannende Persönlichkeit wahrgenommen und sein grosser Einsatz für das Internationale Komitee vom Roten Kreuz erkennbar wird.

Die Interviews fanden am IKRK-Hauptsitz in Genf im Büro von Jakob Kellenberger statt, in zahlreichen mehrstündigen Sitzungen. Sie wurden in der Hochsprache geführt und auf Tonträger aufgezeichnet. Die Gesprächsprotokolle wurden darauf redigiert und ergänzt.

«Ich plante eine andere Zukunft»

Jakob Kellenberger, Sie waren bis 1999 Staatssekretär im Aussenministerium. Hatten Sie während der Diplomatenzeit je daran gedacht, das Präsidium des IKRK könnte für Sie einmal in Frage kommen?

Nein, das nicht, es gab in dieser Zeit allerdings Leute, die mir manchmal zu verstehen gaben, sie würden mich in einer Führungsfunktion des IKRK sehen.

Wie gut waren Sie mit der Tätigkeit des IKRK vertraut?

Für die humanitäre Tätigkeit auf dem Felde brachte ich keine Erfahrung mit, aber das IKRK war mir natürlich nicht unbekannt, und mit grundsätzlichen humanitären Fragen war ich schon in meiner Tätigkeit im Aussenministerium konfrontiert.

Wie kamen Sie in das Amt des IKRK-Präsidenten?

Ich wurde von Cornelio Sommaruga angefragt, ob im Komitee mein Name ins Gespräch gebracht werden dürfe, wenn man über seine Nachfolge diskutiere, und ich habe Ja gesagt.

Waren Sie der einzige Kandidat oder waren noch andere im Gespräch?

Ich habe nie versucht herauszufinden, wer noch Kandidat war. Und selbst wenn ich es wüsste, könnte ich es nicht sagen; die Beratungen im Komitee über die Ernennung der Mitglieder und des Präsidenten sind absolut vertraulich. Ich nehme aber nicht an, dass ich der Einzige war.

Mussten Sie lange überlegen, bevor Sie zusagten?

Nein, nicht sehr lange, aber ich habe mir den Wechsel doch eine Weile überlegt, weil ich meine Zukunft anders plante. Ich war acht Jahre Staatssekretär, hatte in der Diplomatie die oberste Stufe erreicht, und ich habe mir immer vorgestellt, nach diesem Amt auf eine weniger exponierte Position zurückzugehen, etwa als Botschafter nach Rom oder Madrid.

Als mir jedoch das Komitee mitteilte, es habe sich für mich entschieden, sagte ich zu.

Was hat den Ausschlag gegeben, dass Sie die Präsidentschaft angenommen haben?

Für eine Organisation arbeiten zu dürfen, die das Ziel hat, Menschen in Not zu helfen, ihre Würde zu schützen und dazu auch die nötigen Mittel hat, um diese Aufgabe zu erfüllen, das war für mich eine gute Perspektive.

Haben Sie auch Ihre Frau konsultiert?

Ja. Bereits als ich angefragt wurde, habe ich mit meiner Frau gesprochen. Auch mit zwei, drei Freunden.

Und? Haben Frau und Freunde Sie ermuntert, nach Genf zu gehen?

Meine Frau reagiert immer gleich. Sie sagt, du musst selbst entscheiden. Letzlich war sie aber für das IKRK.

Unter den ganz wenigen Freunden, mit denen ich gesprochen habe, gab es solche, die mich ermuntert haben, den Posten anzunehmen, und andere, die sagten: Du hast doch jahrelang einen sehr exponierten Job gehabt, willst du nicht einmal etwas kürzer treten?

Wie wurden Sie in das neue Amt eingeführt?

Mit meinem Vorgänger Cornelio Sommaruga hatte ich stets engen Kontakt, wir unterhielten uns oft über Probleme des IKRK. Ich habe dann auch drei Monate vor dem offiziellen Amtsantritt meine Arbeit in Genf aufgenommen, was ich als sehr nützlich empfand.

Ich bin in dieser Zeit bereits in Konfliktgebiete gereist, um zu erleben, wie das IKRK im Feld arbeitet: nach Afghanistan, Kolumbien, Uganda.

Schon Ihr Vorgänger kam aus dem diplomatischen Dienst und war Staatssekretär. Die diplomatische Erfahrung ist für das Amt als IKRK-Präsident vermutlich sehr nützlich.

Es ist schon so: Die diplomatische Erfahrung hilft einem enorm in dieser Tätigkeit. Schon als Staatssekretär war ich beteiligt an der strategischen Planung, habe viel konzeptionell gearbeitet. Ich lernte den Umgang mit Regierungen und brachte Verhandlungserfahrung mit. Als Staatssekretär im EDA war ich zudem Stellvertreter des Departementschefs, hatte auch Führungs- und Managementaufgaben. All dies kam mir im neuen Amt zugute.

Reicht eine Milliarde für die Hilfe in aller Welt?

Das IKRK hat ein Jahresbudget von rund einer Milliarde Schweizer Franken. Diese Finanzmittel sind doch bei den gestiegenen Anforderungen eher knapp. Sie scheinen auch eher bescheiden, wenn man bedenkt, wie viele verschiedene Hilfeleistungen das IKRK weltweit und oft gleichzeitig ausübt: Es leistet Nahrungsmittelhilfe, baut Unterkünfte und Wasserversorgungen, hilft der Landwirtschaft mit Saatgut und Geräten, beteiligt sich im Gesundheitswesen, besucht Gefangene, setzt sich für korrekte Haftbedingungen ein und tritt dafür ein, dass das humanitäre Völkerrecht respektiert und verbreitet wird.

Mit den gestiegenen Anforderungen meinen Sie wohl das kompliziertere und im Vergleich zu früher zum Teil auch gefährlichere Umfeld, in dem die Organisation arbeitet. Es sind ja in erster Linie Bürgerkriegsgebiete mit mehreren Konfliktparteien und oft rasch wechselnden Allianzen. Der Tätigkeitsumfang der Organisation ist bedürfnisbestimmt. Wenn von bewaffneten Konflikten und andern Gewaltsituationen betroffene Menschen Schutz und Hilfe brauchen, handelt das IKRK weltweit. Im Unterschied zu den meisten andern humanitären Organisationen klärt das IKRK die Bedürfnisse selbst auf dem Terrain ab. Das IKRK engagiert sich immer, wenn es überzeugt ist, dass sein Einsatz nötig ist, unabhängig davon, ob die Finanzen gesichert sind – im Unterschied zu den meisten andern Organisationen, die vor dem Einsatz finanzielle Absicherungen suchen. Zu diesen gehören auch humanitäre UNO-Organisationen. Das heisst aber nicht, dass das IKRK die Haushaltpolitik der Staaten und die Tatsache, dass die Anzahl humanitärer Organisationen zunimmt, ignorieren kann. Der Vorteil des IKRK ist, dass es sofort handelt und hilft, auch wenn es noch nicht weiss, ob das Geld wirklich aufgebracht werden kann. Die rasche Einsatzbereitschaft ist ein Kennzeichen des IKRK. Das war so in Aceh und im Nordosten Sri Lankas nach dem Seebeben vom 26. Dezember 2004, im Kaschmir nach dem Erdbeben vom 8. Oktober 2005, in Zentral- und Südsomalia anfangs 2006 und im Libanon im Juli 2006, um nur ein paar Beispiele zu nennen.

Das IKRK hat seine Tätigkeit über die letzten Jahre ausgedehnt, kontrolliert aber immer nach der strengen Prüfung der Frage, ob sie einen unbestreitbaren humanitären Mehrwert bietet. Dank einer rigorosen Finanzplanung hat es über die letzten Jahre seine Reserven stark erhöht und damit seine Unabhängigkeit gestärkt. Seit fünf Jahren kennt die Jahresrechnung keine Defizite. Zurück zu Ihrer Frage: Mit dem bestehenden Budget kann das IKRK einen grossen Teil seiner Aufgaben erfüllen. Wir werden jedoch kaum je das Gefühl haben, alle Aufgaben erfüllen zu können, aber das ist nicht nur und nicht einmal in erster Linie eine Finanzfrage.

Werden Ihre Operationen nicht immer kostspieliger?

Doch, aber das Budget hat sich natürlich auch erhöht, und der Personalbestand auch. Seit 1999 hat der Personalbestand jedes Jahr um drei Prozent zugenommen.

Das IKRK kann nicht überall helfen. Nach welchen Kriterien wählen Sie Ihre Aktivitäten aus?

Es gibt nur ein Kriterium. Wenn Menschen von einem bewaffneten Konflikt oder anderen Gewaltsituationen betroffen sind und Hilfe und Schutz brauchen, dann interveniert das IKRK weltweit. Es ist typisch für das IKRK, dass es geografisch und in Bezug auf die Personengruppen nicht selektiv ist.

Das IKRK wird zu 90 Prozent von Staaten und der EU-Kommission finanziert. Bedeutende Geldgeber sind vor allem die USA und Grossbritannien. Sind Sie dadurch nicht übermässig von diesen Staaten abhängig?

Die sechs grössten Geldgeber waren 2005 (in der angegebenen Reihenfolge) die USA, Grossbritannien, die Schweiz, die EU-Kommission, die Niederlande und Schweden. Zählt man die Beiträge der EU-Mitgliedstaaten und der EU-Kommission zusammen, finanziert die EU fast die Hälfte der Feldausgaben.

Seit ich im Amt bin, habe ich nie erlebt, dass Staaten ihre Position als Geldgeber benutzt haben, um auf die Politik des IKRK Einfluss zu nehmen. Die grossen Geldgeber respektieren unsere Unabhängigkeit vorbehaltlos. Die USA als grösster Geldgeber (2005 zahlten sie über 210 Millionen Franken) haben nie gedroht, sie würden uns die Beiträge kürzen, weil wir in heiklen Fragen verschiedene Standpunkte vertreten.

Wäre es nicht wünschenswert, die Finanzierung breiter abzustützen, auf noch mehr Staaten und auf einen grösseren Kreis von Wirtschaftsunternehmen und Privaten?

Das versuchen wir. Im Vordergrund steht die breitere Abstützung auf noch mehr Staaten. Es gibt eine Gruppe von Staaten, die mehr als 10 Milllionen pro Jahr zahlen, die so genannte Donor Support Group. Zu dieser unterhält das IKRK eine privilegierte Beziehung. In erster Linie wollen wir diese Gruppe erweitern. Seit Beginn meiner Präsidentschaft hat sich die heute 15 Staaten umfassende Gruppe um Australien, Belgien, Frankreich, Italien und Spanien erweitert. Wir versuchen auch, von Privaten mehr Mittel zu erhalten. Das wird allerdings nie eine grosse Summe ausmachen. Das IKRK wird zur Hauptsache immer von den Staaten und der EU-Kommission finanziert werden. Die Beiträge der nationalen Rotkreuz- und Rothalbmondgesellschaften schwanken von Jahr zu Jahr erheblich. Ihre Bedeutung nimmt tendenziell ab.

Sieben Schweizer Unternehmen haben sich zu einer Corporate Support Group zusammengetan. Dazu gehören ABB, Lombard, Odier Darier Hentsch, Roche, Swiss Re, Vontobel, Zurich Financial Services und die Wilsdorf Foundation. Sie unterstützen das IKRK während sechs Jahren mit je drei Millionen Franken. Ist das die Finanzierung, die Sie ausbauen wollen?

Es ist ein Versuch, die Finanzierung etwas zu verbreitern. Diese alte Absicht des IKRK wollte ich endlich verwirklicht sehen.

In der Corporate Support Gruppe nicht dabei sind die Grossbanken UBS und CS und der Pharmariese Novartis. Kriegen Sie von diesen nichts?

Wir haben diese Unternehmen auch angefragt, sie wollten aber nicht mitmachen. Es ist jedoch nicht so, dass sie das IKRK gar nicht unterstützen. Novartis und Crédit Suisse haben uns verschiedentlich Geldbeträge zukommen lassen.

Suchen Sie auch im Ausland bei Grossfirmen Unterstützung?

Die Idee war immer, dass wir mit Unternehmen, die den Sitz in der Schweiz haben, den Anfang machen, dann aber diese Corporate Support Group internationalisieren.

Hätten Sie von den Grossunternehmen mehr Mittel erwartet?
Ich erwartete mehr positive Antworten auf unsere Anfragen, aber es gibt Anzeichen, dass da und dort das letzte Wort noch nicht gesprochen ist. Ich kann mir vorstellen, dass sich der Kreis auch unter den Schweizer Unternehmen erweitert.

Wird das IKRK noch einmal Anstrengungen unternehmen, um diese und andere, neue Firmen zu gewinnen?
Ja, aber ohne Aufsässigkeit.

Gibt es Unternehmen, von denen das IKRK aus ethischen Gründen keine Gelder annehmen kann?
Ja, das gibt es. Es kommen nur Unternehmen in Frage, die ethische Grundkriterien erfüllen. Es ist undenkbar, dass etwa ein Unternehmen der Rüstungsindustrie Mitglied wäre, auch ein Unternehmen der Tabakindustrie käme nicht in Frage. Es könnten sich auch Probleme stellen bei Unternehmen, die im Abbau von Rohstoffen tätig sind. Es käme darauf an, wie sie sich in Konfliktgebieten verhalten.

Der UNO wird gelegentlich vorgeworfen, mit viel Geld wenig zu erreichen. Gibt es auch beim IKRK eine Kosten-/Nutzen-Rechnung?
In einer Tätigkeit, die darin besteht, menschliches Leben und menschliche Würde zu schützen, ist es nicht einfach, eine Kosten-/Nutzen-Rechnung zu erstellen. Das entbindet uns aber nicht von der Pflicht, über die Ergebnisse unserer Arbeit zu berichten und die Wirkung so gut als möglich zu beschreiben. In Form einer Tabelle wird für jedes Einsatzgebiet festgehalten, welche Programme für welche Bevölkerungsgruppe durchgeführt werden sollen. Der Durchführungsgrad dieser Programme lag 2005 bei 90 Prozent, was im Quervergleich mit andern humanitären Organisationen hoch ist.

Nehmen wir ein Beispiel aus diesem Jahr: Im Sudan sind für die Verwundeten und Kranken Hilfeleistungen für über 20 000 Personen vorgesehen.

Die Geldgeber anerkennen vorbehaltlos die hohe Effizienz des IKRK, sie möchten jedoch vermehrt wissen, welche Wirkung mit den durchgeführten Programmen erzielt wurde. Sie geben sich also nicht mit der Beschreibung der Aktionen zufrieden.

Diese Arbeit ist nicht einfach und verlangt vor allem aussagekräftige Indikatoren. Es ist einfacher, festzuhalten, dass wir im Darfur im Jahr 2005 300 000 Menschen mit Nahrungsmitteln versorgt haben, als zu beschreiben, wie sich diese risikoreiche, oft lebensrettende Tätigkeit auf die längerfristigen Existenzperspektiven dieser Menschen ausgewirkt hat.

Die Geberstaaten erwarten, dass wir uns trotz aller Schwierigkeiten vermehrt anstrengen, Aussagen zu machen, wie sich die Aktionen auswirken, auch im Bereich der Schutztätigkeiten. Wir werden uns dieser Herausforderung stellen.

Missionen rund um den Erdball

Naturkatastrophen wie Erdbeben und Wirbelstürme sind in letzter Zeit häufiger geworden, so dass auch das IKRK vermehrt gefordert ist. Wie begegnen Sie dieser Entwicklung?

Bei Naturkastastrophen wird das IKRK tätig, wenn sich diese in Konflikt- oder militärisch-politischen Spannungsgebieten ereignen. Das war die Situation in Aceh und im Nordosten Sri Lankas nach dem Seebeben vom Dezember 2004 und im von Pakistan verwalteten Teil des Kaschmir nach dem Erdbeben vom Oktober 2005. An all diesen Orten war das IKRK schon vorher tätig, hier sind wir gegenüber andern Hilfsorganisationen im Vorteil, denn wir kennen die örtlichen Verhältnisse, die verschiedenen Konfliktparteien und wissen besser als andere, wie man sich in diesen Regionen verhalten muss. Wir verfügen auch bereits über Mittel vor Ort.

Sie besuchten eines der Haupteinsatzgebiete, den Kaschmir, haben dort Augenschein genommen.

Ich war in dem Teil von Kaschmir, der von Pakistan verwaltet wird, wo das Erdbeben besonders schlimme Schäden verursachte. Im Distrikt Muzzafarabad, etwa so gross wie Graubünden, war das IKRK nach der pakistanischen Armee der zweitgrösste humanitäre Akteur. Wir waren auch dort sehr rasch einsatzfähig.

Pakistan wurde nach dem Erdbeben zu einem unserer grössten Einsatzgebiete und ist es mit einem Budget von fast 100 Millionen Franken auch 2006.

18

Ich wollte und musste mir ein persönliches Bild von der humanitären Katastrophe und der Effizienz unserer Arbeit machen wie früher im Jahr in Aceh. Wir flogen mit dem Helikopter über das Katastrophengebiet, oft in geringer Höhe, und landeten an verschiedenen Stellen im Jehlum Valley und im Neelum Valley, wo das IKRK humanitäre Aktionen durchführt. Mich überraschte, wie ungleich der Grad der Zerstörung an den verschiedenen Orten war. Solid gebaute Steinhäuser haben das Erdbeben ohne Schaden überstanden, die ärmlichen Behausungen aus Holz, Erde und Blechdächern dagegen wurden total zerstört. Im Hauptort Muzzafarabad allerdings, einer Stadt mit etwa 100 000 Einwohnern, sind auch viele Betonhäuser eingestürzt.

Ich bin im Katastrophengebiet vielen Menschen begegnet, die in dieser Not grosse Würde zeigten und im Chaos eine gewisse Ordnung zu bewahren suchten. Als unsere Helikopter die ersten Hilfslieferungen brachten, ist unseren Mitarbeitern aufgefallen, wie viele Leute schon daran waren, ihre zerstörten Häuser selbst wieder aufzubauen. Wir stellten zum Glück frühzeitig fest, dass viele nicht Zelte wollten, sondern Werkzeuge und Baumaterialien, um die Häuser zu reparieren, und passten die Lieferungen entsprechend an. Die aktive Haltung dieser notleidenden Menschen habe ich sehr bewundert.

Das integrierte Hilfsprogramm (Medizin, Wasser, Behausung, Nahrungsmittel) des IKRK unterstützt ein Viertel der Bevölkerung des Distrikts oder gegen 300 000 Menschen. Die Logistik ist eine der Stärken des IKRK. Sie war auch entscheidend, dass wir rasch und umfassend helfen konnten. Über 200 Lastwagen und neun Helikopter waren in den Wintermonaten im Einsatz. Zusätzlich flogen Helikopter der britischen und deutschen Armee Einsätze für das IKRK.

Im Kaschmir hat sich das IKRK auch im medizinischen Sektor stark engagiert.

Die umfassende medizinische Tätigkeit im Kaschmir konnte das IKRK vor allem dank der Unterstützung der nationalen Rotkreuzgesellschaften Norwegens, Finnlands, Deutschlands und Japans durchführen. Das vom IKRK geführte grösste Feldspital in Muzzafarabad wurde von den norwegischen und finnischen Gesellschaften zur Verfügung gestellt.

Ich reiste aber auch nach Kaschmir, weil ich in einem grossen Einsatzgebiet immer auch den Regierungschef treffen will, damit dieser weiss, wo das IKRK das Schwergewicht der Hilfe setzt, aber auch damit ich erfahre, wo die Regierung die Hauptarbeit gesetzt haben möchte. Deshalb traf ich mich mit Präsident Pervez Musharaff, mit dem ich zum letzten Mal im November 2001 auf meiner Reise nach Kabul Gespräche geführt hatte, und zwar in einer ziemlichen dramatischen Situation. Die Taliban mit vielen pakistanischen Kämpfern waren damals in Kunduz von der Nordallianz eingekesselt.

Präsident Musharaff zeigte sich in diesem Gespräch vor allem über die beträchtliche Zahl von Schwerverletzten besorgt, bei denen Amputationen nötig wurden, und er erklärte, er würde es sehr begrüssen, wenn das IKRK in Muzzafarabad eine orthopädische Klinik eröffnen würde, damit diese Menschen nach der Operation auch mit Prothesen versorgt und bei der Rehabilitation unterstützt werden könnten. Ich habe ihm zugesagt, dass wir eine solche Klinik einrichten werden.

Immer häufiger bringen Bürgerkriege Menschen in verschiedenen Kontinenten in Not, lösen auch Ströme von Vertriebenen und Flüchtlingen aus. Rund neun Millionen Vertriebene und Flüchtlinge zählt man heute weltweit. Das IKRK setzt sich neben dem Hochkommissariat für Flüchtlinge UNHCR auch für diese Menschen ein. Wie ist die Arbeitsteilung mit dem UNHCR und andern Hilfsorganisationen?

Es ist zu unterscheiden zwischen Flüchtlingen, die die Landesgrenze überschritten haben, und Menschen, die innerhalb des eigenen Staates vertrieben wurden. Die Zahl der Flüchtlinge hat abgenommen, dagegen ist die Zahl der Vertriebenen auf 25 Millionen gestiegen. Das UNHCR ist zuständig für Flüchtlinge, befasst sich innerhalb des UNO-Systems jedoch zunehmend auch mit Vertriebenen. Das IKRK hilft den Menschen, die infolge eines bewaffneten Konfliktes im eigenen Land vertrieben wurden, und versucht, diese zu schützen. Weltweit ist das IKRK in 35 Ländern für Vertriebene tätig. Die umfassendste IKRK-Hilfsaktionen für Vertriebene finden gegenwärtig im Norden Ugandas (Unterstützung für 500 000 Menschen), Zentral- und Südsomalia (300 000) und im Darfur (300 000) statt.

Zur Arbeitsteilung mit dem UNHCR: Wenn wir sehen, dass aus einer Situation Flüchtlings- und Vertriebenenströme entstehen, müssen wir uns zusammensetzen und entscheiden, wer sich um wen kümmert. In den Monaten vor dem Angriff auf den Irak vom 20. März 2003 bin ich mit dem Flüchtlings-Hochkommissar Ruud Lubbers zusammengetroffen und habe mit ihm vereinbart, dass das UNHCR die Flüchtlinge und wir die Vertriebenen im Land betreuen werden. Entgegen aller dramatischen Prognosen löste der Angriff aber keine grösseren Flüchtlings- und Vertriebenenströme aus.

Keine Organisation, auch nicht das IKRK, kann allein für den Schutz und die Hilfsbedürfnisse der Vertriebenen aufkommen. Es braucht mehrere Akteure, und die müssen ihre operationellen Tätigkeiten auf dem Feld koordinieren. Hier bleibt viel zu tun.

Politik des IKRK ist es zudem, das Schicksal der Daheimgebliebenen und der Vertriebenen gleichzeitig im Auge zu behalten und zunächst alles zu unternehmen, damit es gar nicht zu Vertreibungen kommt.

Der Strom der Flüchtlinge, die in Europa Zuflucht suchen, hält an. Gerade aus Afrika wollen Zehntausende der Armut und der Verfolgung entkommen und suchen in Europa Asyl. Wie soll das weitergehen?

Ich verfüge in dieser Frage über keine besonderen Kompetenzen, darum nur so viel: Auf der einen Seite sollten die Länder, aus denen die Emigranten stammen, ihre Bemühungen verstärken, damit die Menschen eine Chance haben, im eigenen Land Arbeit zu finden. Und auf der andern Seite müssen die Länder, die Ziel der Emmigration sind, noch viel bewusster eine sinnvolle Immigrationspolitik entwickeln.

Wenn wir auf Europa blicken, stellen wir doch fest, dass ohne die Immigration die europäische Bevölkerung zwischen 1995 und 2000 ziemlich stark zurückgegangen wäre. Rund die Hälfte der Immigranten arbeiten, und zwar in Bereichen, in denen die Einheimischen nicht mehr arbeiten wollen. Dieser positive Beitrag sollte nicht übersehen werden.

Es wird kaum je möglich sein, in den Armutsländern Lebensbedingungen zu schaffen, damit die Menschen in ihren Heimatländern bleiben. Der Wanderungsdruck ist auch demografisch bedingt, es sind junge Leute, die nach Europa drängen.

Für unmöglich halte ich es aber auch nicht – eine problembewusste und vor allem ausdauernde Politik der internationalen Gemeinschaft und mehr Solidarität zwischen Regierenden und Bevölkerung in den armen Ländern vorausgesetzt. Viele Regierungen müssen sich viel stärker, als dies heute der Fall ist, für die eigene Bevölkerung verantwortlich fühlen und sich dafür einsetzen, dass sich diese Bevölkerung entwickeln kann. Es gibt doch Regierungen in Afrika, die aus Rohstoffen bemerkenswerte Finanzmittel erwirtschaften, diese aber kaum für Infrastrukturaufgaben und für die Ausbildung der Bevölkerung investieren.

Sondern für eigene Interessen. Sie sprechen die Korruption von Regierungen und einzelnen Politikern an.

Korruption ist ein grosses Problem, nicht nur in afrikanischen Staaten, sondern weltweit.

Sind Sie der Meinung, die Staaten, die Entwicklungshilfe geben, sollten auf solche Regierungen mehr Druck machen?

Ich muss in meiner jetzigen Funktion etwas Zurückhaltung üben und kann Staaten keine Empfehlungen geben. Aber ich stelle fest, dass die Geberländer heute sehr viel genauer beobachten als in früheren Jahren, wie sich die Behörden des Empfängerstaates verhalten und ob das Geld wirklich der Bevölkerung zugute kommt.

Afrika ist ein Problemkontinent. Gibt es Signale, dass die afrikanischen Staaten aus ihrer desolaten Lage herausfinden?

Es gibt Staaten, die auf einem guten Weg sind. Leider ist es oft sehr unsicher, wie lange die positive Entwicklung anhält. Nehmen wir Moçambique: Seit der schreckliche Bürgerkrieg zu Ende ist, hat sich dieses Land – wenn auch in kleinen Schritten – entwickelt. Die Chance für eine Aufwärtsentwicklung besteht heute auch in Sierra Leone oder in Liberia.

Die Voraussetzung ist, dass die internationale Gemeinschaft weiter in die Konsolidierung des Friedens investiert und dass die Regierungen dieser Länder die Mittel, die sie zur Verfügung haben, zum Nutzen der eigenen Bevölkerung einsetzen, damit eben auch Arbeitsplätze geschaffen werden können, nicht zuletzt für demobiliserte ehemalige junge Soldaten.

Warum sind viele der schlimmsten Krisenherde in Schwarzafrika?
Die Konfliktursachen sind in Afrika von Land zu Land unterschiedlich. Eine Situation, die in Afrika häufig eintritt, ist die folgende: Zum einen herrscht ein grosses wirtschaftliches und soziales Elend, zum andern ist der Staat schwach und kann weder für die Grundversorgung noch für die Sicherheit sorgen. Dazu kommen oft noch echte oder herbeigeredete Minderheitenprobleme. Diese Kombination ist sehr konfliktträchtig. Ein riesiges Problem ist, dass es in der Vergangenheit in rund fünfzig Prozent der Fälle nicht gelang, den Frieden zu stabilisieren. Innerhalb von fünf Jahren nach Waffenstillstand oder Friedensschluss brach der nächste Krieg aus. Ich hoffe, dass in Zukunft mehr in die Festigung des Friedens investiert wird, Soldaten nicht nur entwaffnet und demobilisiert werden, sondern dass sie auch unterstützt werden, sich wieder in die Zivilgesellschaft zu integrieren. Aber meist gibt es gar keine Möglichkeit dazu, es fehlt an Ausbildungs- und Arbeitsplätzen. Gerade in Liberia ist es ausserordentlich schwierig, ehemalige Kämpfer nach der Entwaffnung in die Gesellschaft zurückzuführen. Das Problem ist seit langem erkannt, aber es braucht den Willen, die Mittel und die Ausdauer, entsprechende Massnahmen durchzuführen.

Befassen wir uns nun kurz mit den Aktionen und Problemen in den wichtigsten Einsatzgebieten des IKRK (Stand 2006). Über die Situation im Kaschmir haben Sie bereits berichtet. An erster Stelle der Operationen steht wohl der Darfur im Sudan.
Im Darfur herrscht seit Frühjahr 2003 ein Bürgerkrieg, der sich durch die Zersplitterung der Kampfparteien in den letzten Monaten verkompliziert hat. Das Banditentum nimmt zu, so dass sich die Sicherheitslage verschärft. Besonders gefährdet und hilfsbedürftig ist die Bevölkerung in den entlegenen ländlichen Gegenden, die bis jetzt zu Hause ausgeharrt hat. Das IKRK, das sich als eine der ganz wenigen Organisationen den Zugang zu den ländlichen Gebieten verschafft hat, unterstützt vor allem diesen Teil der Bevölkerung mit Nahrungsmitteln, wichtigen Gütern des täglichen Gebrauchs und Trinkwasser, um weiteren Vertreibungen vorzubeugen. 2005 ver-

sorgte das IKRK 1,5 Millionen Menschen in Vertriebenenlagern und städtischen Gebieten mit Trinkwasser. An 300 000 Menschen wurden Nahrungsmittel verteilt. Fünf Spitäler und zwölf in der medizinischen Grundversorgung tätige Kliniken hat das IKRK repariert und aufgewertet. Ein mobiles Ärzteteam des IKRK operiert und pflegt Verwundete in den Konfliktgebieten. Die Freilassung von Gefangenen läuft über das IKRK.

Wir unterhalten im Darfur acht Unterdelegationen und Büros. Rund 1000 Mitarbeiter sind im Darfur tätig, 2000 im Sudan insgesamt.

Es überraschte wohl auch Sie und Ihre Mitarbeiter, dass der Libanon im Juli 2006 zu einer der grössten Operationen wurde, sowohl personell wie auch finanziell.

Das stimmt. Es galt, rasch die Handlungsfähigkeit zu erhöhen, vor allem im Südlibanon, dies mitten in der Sommerpause und im Rahmen eines intensiv geführten Krieges. Wir erhöhten rasch das Personal, schufen in Larnaka auf Zypern eine logistische Basis, charterten ein Schiff und richteten in Tyrus und Marjayoun im Südlibanon Unterdelegationen ein.

Mit den Konfliktparteien, in erster Linie (aber nicht nur) mit den israelischen Streitkräften (Israel Defence Forces) wurde ein System eingerichtet, mit dem geplante Hilfskonvois und Teams, welche Bedürfnisse abklären, Personen evakuieren und Hilfsgüter verteilen, den militärischen Stellen gemeldet werden, um Sicherheitszwischenfälle zu vermeiden. Als erste humanitäre Organisation hatte das IKRK am 19. Juli ein solches System eingerichtet, das trotz schwerwiegender Zwischenfälle immer besser funktionierte. Während der ganzen Dauer des Krieges (12.7.–14.8 2006) war das IKRK einer der ganz wenigen und eindeutig der grösste Akteur, der im Südlibanon humanitär tätig war.

Der erste Konvoi, der Tyrus auf dem Landweg mit Hilfsgütern erreichte, war ein IKRK-Konvoi (21. Juli), das erste Schiff, das Beirut (und später Tyrus und Sidon) mit Hilfsgütern anlief, war der Frachter des IKRK. Die Verteilung der Hilfsgüter in den Dörfern des Südens begann am 25. Juli. In Anbetracht der Erfahrungen im Darfur und im Kaschmir erstaunte es nicht, dass wir so rasch einsatzbereit waren.

Aber es gab bei dieser Mission doch ernsthafte Schwierigkeiten.
Gegen Ende Juli zeigte sich leider immer mehr, dass wir in besonders umkämpften Gebieten für die Durchführung von Hilfsaktionen kein grünes Licht mehr erhielten. Das dringendste Anliegen war jetzt, bessere Zugangsmöglichkeiten unter vertretbaren Sicherheitsbedingungen zu erhalten. Dafür waren Gespräche mit den Spitzen der Regierung in Israel unerlässlich. In Genf, wo ich die Operationen verfolgte, wenn nötig diplomatisch begleitete und die Telefonkonferenzen mit dem Ausschuss der Versammlung leitete (er musste eine Budgetaufstockung um 100 Millionen Franken bewilligen), hielt ich es kaum mehr aus. Ich wollte mich so schnell als möglich ins Konfliktgebiet begeben, um mir ein Bild vor Ort zu machen und die IKRK-Delegation in Beirut und vor allem die im Kriegsgebiet liegende Unterdelegation in Tyrus moralisch zu unterstützen. Das operationelle Ziel war klar: durch Gespräche auf höchster Regierungsebene in Israel einen besseren Zugang zu den vom Krieg betroffenen Ortschaften erwirken. Die Termine mit dem Ministerpräsidenten, dem Verteidigungsminister und der Aussenministerin waren innerhalb eines Tages vereinbart. Ein weiteres Ziel bestand darin, gegenüber der israelischen Regierung und der Hizbullah, deren Vertreter ich in Beirut traf, einmal mehr darauf zu beharren, dass die Regeln des humanitären Völkerrechts, insbesondere über die Kampfführung, eingehalten werden. Mit dem libanesischen Ministerpräsidenten besprach ich unseren Aktionsplan für die Gegenwart und die Monate bis Ende Jahr. Mit den bewilligten 100 Millionen Franken sollen mindestens 200 000 Personen monatlich mit Nahrungsmitteln und Gütern des täglichen Gebrauchs versorgt, der Zugang zu Trinkwasser für mehr als 1,2 Millionen Menschen gesichert und medizinische Einrichtungen mit einem Einzugsgebiet von rund 650 000 Menschen unterstützt werden.

Die Woche, in der ich mit dem Auto von Damaskus über Holms, Tripolis, Beirut, Tyrus, Haifa nach Jerusalem unterwegs war (6.–11. August) war eine Zeit besonders intensiver Kämpfe. Die Autobahn, die den Norden und den Süden des Libanon verbindet, war an verschiedenen Stellen unterbrochen und machte die Reise beschwerlich und lang, erlaubte aber einen gründlichen Überblick über die Situation. Den Litani-Fluss nördlich von Tyrus überquerte ich gemeinsam mit den mitgereisten Delegierten, welche die Unterdelegation in Tyrus verstärken sollten, zu Fuss auf einem Baumstamm. Wir hatten allerhand Material bei uns, Kartons mit Medikamenten bis zu Mineralwasser, das wir von den Geländefahrzeugen auf der einen Seite des Flusses zu den Fahrzeugen der Delegation auf der andern Seite verschieben mussten. Die Strassenbrücke war am Vortag von der israelischen Luftwaffe zerstört worden. Als ich nach einer ziemlich emotionalen Medienkonferenz vor den in Tyrus eingeschlossenen Journalisten mit den Delegierten abends zusammensass, spürte ich so etwas wie anerkennende Verwunderung darüber, dass ich unter den schwierigen Umständen nach Tyrus gekommen war. Am nächsten Morgen gaben Israel und die Hizbullah grünes Licht, so dass ich die gesperrte und an vielen Orten zerstörte Strasse durch das Konfliktgebiet über En Nakoura nach Nordisrael benutzen konnte. Ich kann mich nicht erinnern, auf den rund 30 Kilometern bis zum Grenzübergang einen einzigen Menschen auf der Strasse gesehen oder einem fahrenden Auto begegnet zu sein. Recht zahlreich waren die schwarzen Autowracks. Viele Bananenstauden entlang der Strasse und rechts das leuchtende Mittelmeer. Mir bleibt vor allem die Angst der Zivilbevölkerung in Erinnerung, im Libanon und in Nordisrael, wo die Alarmsirenen heulten, kaum hatte ich die erste Stadt erreicht. In Israel konnte ich dann konkrete Verbesserungen im Zugang zum Südlibanon erwirken.

Der Nahe Osten ist seit Jahrzehnten ein schwieriges Einsatzgebiet für das IKRK, vor allem die israelisch besetzten palästinensischen Gebiete. Mit welchen Aufgaben sind Sie dort konfrontiert?
Eine politische Lösung des Konflikts mit einem lebensfähigen palästinensischen Staat ist nicht erkennbar. Die humanitäre Lage in den palästinensischen Gebieten, vor allem in Gaza, verschlechtert sich weiter, auch die Sicherheitslage verschärft sich. Das IKRK besucht regelmässig rund 10 000 palästinensische Gefangene in israelischen Händen und einige Hundert in palästinensischen Händen. Wir organisieren Familienbesuche für die Angehörigen der palästinensischen Gefangenen, die für diese Familien ausserordentlich wichtig sind. Interventionen bei der israelischen Regierung und den palästinensischen Behörden, das humanitäre Völkerrecht einzuhalten, spielen eine wichtige Rolle in unserer Tätigkeit. Das IKRK hat in den Jahren 2002 und 2003 rund 300 000 Palästinenser mit Hilfs-

gütern, vor allem Nahrungsmitteln und Gütern des täglichen Gebrauchs, versorgt. Da sich die Situation weiter verschlechtert, könnten wir uns gezwungen sehen, die Hilfsoperationen zu erhöhen. Im Mai 2006 wurde bereits ein Zusatzkredit für die Unterstützung der medizinischen Tätigkeiten des palästinensischen Roten Halbmondes beschlossen.

In Somalia macht dem IKRK neben den Auseinandersetzungen verschiedener bewaffneter Gruppen auch eine verheerende Dürre zu schaffen.

Die Dürre in diesem Gebiet ist tödlich. Wir haben deshalb im ersten Quartal 2006 unsere Hilfe in der Wasserversorgung, bei der Verteilung von Nahrungsmitteln, Haushaltgütern, Saatgut und Werkzeugen verstärkt. Rund 1,2 Millionen Menschen erhielten im Frühjahr 2006 IKRK-Unterstützung. Die Notaktion gegen die Dürre konnte im Sommer abgeschlossen werden.

Im Zentrum und im Süden Somalias gibt es keinen Staat, der die üblichen Aufgaben erfüllen könnte. Es herrscht Krieg zwischen verschiedenen bewaffneten Gruppen. Das IKRK ist praktisch die einzige humanitäre Organisation, die von den Kriegsherren in gewissen Provinzen akzeptiert wird. Zusammen mit der somalischen Rothalbmondgesellschaft unterstützte das IKRK bereits in der Vergangenheit rund eine Viertelmillion im Landesinnern Vertriebene und zwei Spitäler in Mogadischu. Diese behandelten zwischen Februar und Mai 2006 fast 2000 Kriegsverletzte, mehrheitlich Zivilisten.

In Afghanistan ist ein Schwerpunkt der IKRK-Tätigkeit die medizinische Versorgung.

Neben der Delegation in Kabul hat das IKRK im Lande fünf Unterdelegationen und betreibt sechs Orthopädiekliniken, insgesamt zählte das IKRK im Sommer 2006 in Afghanistan rund 1100 Mitarbeiter. Wir unterstützen medizinische Einrichtungen, in erster Linie die Spitäler in Kandahar und Jalalabad. Es ist uns besonders wichtig, dass amputierte Menschen, die meisten Minenopfer, Prothesen und Orthesen und Behinderte eine ausreichende Rehabilitation erhalten. Die Organisation wird 2006 über 30 000 Prothesen zur Verfügung stellen.

Die tückische Gefahr von Landminen wurde mir schon auf meiner ersten Reise nach Afghanistan im Oktober 1999 bewusst. Ich erlebte das unangenehme Gefühl, das aufkommt, wenn man Strassen nicht verlassen darf, weil das Gelände daneben vermint ist oder vermint sein könnte.

Der Anblick von Menschen, die auf Feldern arbeiten, die minenverseucht waren und entmint sein sollen, ist mir noch immer fast unerträglich. Wir klären die Bevölkerung von Afghanistan mit verschiedenen Aktionen auf, wie sie sich vor Minenunfällen schützen kann. Im Weiteren besuchen wir Gefangene und stellen Kontakte zu deren Angehörigen her, und schliesslich versorgen wir besonders benachteiligte Bevölkerungsteile mit Trinkwasser.

Welchen Situationen begegnet das IKRK in Äthiopien?

Neben politischen Spannungen gibt es im Land immer wieder regionale bewaffnete Konflikte, meist allerdings von geringer Intensität. Die Versorgung der Bevölkerung mit Nahrungsmitteln ist prekär, obwohl die Ernte jüngst nicht schlecht ausgefallen ist. Immer noch sind Nachwirkungen des Krieges mit Eritrea (1998–2000) zu spüren, die Beziehung zwischen den beiden Ländern ist nach wie vor angespannt. Eine IKRK-Delegation ist in Addis Abeba stationiert, dazu haben wir übers Land verteilt acht Unterdelegationen und Büros mit etwa 500 Mitarbeitern. Unsere Tätigkeit konzentriert sich auf die Gesundheits- und Trinkwasserversorgung. Wir unterstützen materiell auch Menschen, die direkt durch die bewaffnete Gewalt betroffen sind, darunter im Landesinneren vertriebene Personen, weiter Menschen, die bei bewaffneten Zusammenstössen verwundet wurden, sowie Behinderte. Wir unterhalten auch eine Orthopädieklinik und besuchen Gefangene. Behörden und Waffenträger machen wir mit den Rechten der Zivilbevölkerung in bewaffneten Konflikten vertraut.

In Liberia gilt es, den Frieden zu stabilisieren. Sie werden hier in erster Linie ehemalige Flüchtlinge und Vertriebene zu betreuen haben.

Eine grosse Aufgabe, denn in Liberia sind Hunderttausende von Flüchtlingen und im Landesinneren Vertriebenen nach Hause zurückgekehrt. Das IKRK unterstützt zusammen mit andern Organisationen die ehemaligen Flüchtlinge und Vertriebenen materiell und versucht, Familien, die durch den Krieg getrennt wurden, zusammenzuführen. Seit der Unterzeichnung eines Friedensabkommens nach den intensiven Kämpfen im Sommer 2003 befindet sich Liberia in einer Übergangsphase, der Friede muss stabilisiert werden. Wir unterstützen auch zahlreiche Spitäler und andere Gesundheitseinrichtungen und führen verschiedene Projekte zur Trinkwasserversorgung durch. Auch in Liberia besuchen wir Gefangene und verbreiten die Regeln des humanitären Völkerrechts bei Armee und Polizei. In Liberia hat das IKRK drei Vertretungen und beschäftigt rund 400 Mitarbeiter.

Ein weiteres Schwerpunktland ist die Demokratische Republik Kongo. Welche Aufgaben hat das IKRK dort zu lösen?

Dieses Land muss politisch stabilisiert, der Friede konsolidiert werden. Vor allem im Osten kommt es noch immer zu bewaffneten Auseinandersetzungen. Durch den Krieg sind Infrastrukturen, Wirtschafts- und Gesundheitsdienste zusammengebrochen. Um die Lage vor der Ankunft von Entwicklungsorganisationen zu verbessern, erneuern wir in ausgewählten Gebieten die Trinkwasserversorgung und bauen Unterkünfte. Wir unterstützen auch Landwirtschafts- und Fischereiprojekte.

Im Osten des Landes versorgen wir Zivilisten, die durch anhaltende lokale Konflikte vertrieben worden sind, mit Nahrungsmitteln und Gütern des täglichen Gebrauchs. Das IKRK besucht ferner Personen, die im Zusammenhang mit Konflikten festgenommen worden sind. Da keine funktionierende Gefängnisverwaltung existiert, kommen wir teilweise auch für die Ernährung und Gesundheitsversorgung der Häftlinge auf. Wir stellen zudem die Verbindung zwischen getrennten Familienmitgliedern her und führen unbegleitete Kinder und Kindersoldaten mit ihren Familien zusammen. Das IKRK konzentriert seine Arbeit auf Nord- und Süd-Kivu, Nordkatanga und Maniema: Zonen, die noch immer von Waffengewalt betroffen sind. In der Demokratischen Republik Kongo unterhält das IKRK acht Vertretungen und beschäftigt 500 Mitarbeiter.

Seit 1969 ist das IKRK in Kolumbien tätig. In diesem Land wird das humanitäre Völkerrecht durch bewaffnete Gruppen häufig verletzt. Dem entgegenzutreten wird eine Hauptaufgabe des IKRK sein.

Wir setzen uns beharrlich dafür ein, dass das humanitäre Völkerrecht durch alle bewaffneten Gruppen besser respektiert wird, und bemühen uns um den Schutz von Menschen, die nicht in Kämpfe verwickelt sind. Die Regierung hat die Kontrolle über das Land erheblich ausgeweitet, ein Teil der Paramilitärs wurde demobilisiert, doch der interne bewaffnete Konflikt setzt sich trotzdem fort. Die Hauptprotagonisten sind die Regierungstruppen und die Fuerzas armadas revolucionarias de Colombia (FARC), deren Führung ich auf einer meiner ersten Auslandmissionen im Herbst 1999 im Süden des Landes traf.

Das IKRK besucht in Kolumbien auch Sicherheitsgefangene, organisiert Familienbesuche, wirkt als neutraler Vermittler beim Austausch von Gefangenen und versorgt die im Landesinnern Vertriebenen mit Nothilfe. In Kolumbien hat das IKRK neben der Delegation in Bogotà zehn Unterdelegationen und Büros und beschäftigt rund 300 Mitarbeiter.

Wie aktiv ist das IKRK noch auf dem Balkan?

Die Lage in der Region hat sich allmählich verbessert, so dass wir unsere Aktivitäten in den letzten Jahren stufenweise reduziert haben. Das IKRK konzentriert sich heute auf die Beschaffung von Informationen über vermisste Personen (noch immer über 20 000 in der ganzen Region), die Besuche von Gefangenen und die Stärkung der nationalen Rotkreuzgesellschaften der Region.

Im Irak harrt das IKRK aus, obwohl die Sicherheitslage sehr prekär ist.

Ja. Der internationalisierte interne bewaffnete Konflikt setzt sich fort und ist durch unzählige Terroranschläge gekennzeichnet. Auf das Hauptquartier des IKRK wurde im Oktober 2003 ein Anschlag verübt.

Seit Kriegsbeginn am 20. März 2003 hat das IKRK im Irak fünf Mitarbeiter verloren, vier von ihnen wurden ermordet. Trotz der Verluste und den hohen Sicherheitsrisiken hat das IKRK im Irak als praktisch einzige internationale humanitäre Organisation seine Tätigkeit auch mit ausländischem Personal fortgesetzt. Wir konzentrieren uns auf Besuche von Gefangenen in den Händen der multinationalen Streitkräfte und von Gefangenen an Haftorten der kurdischen Autonomiebehörde. Im Sommer 2006 handelte es sich um rund 11 000 Personen.

Das IKRK besuchte und besucht regelmässig auch die inhaftierten Mitglieder des ehemaligen Regimes, Saddam Hussein eingeschlossen. Das IKRK organisiert auch Besuche von Familienangehörigen bei Inhaftierten und besorgt in Zusammenarbeit mit dem irakischen Roten Halbmond den Austausch von Nachrichten zwischen Inhaftierten und deren Familienangehörigen.

Ein verhältnismässig neues Tätigkeitsfeld ist die Volksrepublik China. Welche Aufgaben stellen sich dort?

Die Regionaldelegation des IKRK in Peking wurde im Sommer 2005 eröffnet, nach langen Verhandlungen, die mit einem Gespräch zwischen dem damaligen Präsidenten Jiang Zemin und mir Ende 2002 eingeleitet wurden. Diese Regionaldelegation ist zuständig für die Volksrepublik China, die beiden Korea und die Mongolei. Sie spielt eine wichtige Rolle: Sie soll den politischen und humanitären Dialog mit dem Ständigen Mitglied des Sicherheitsrates China intensivieren. Das IKRK fördert in der Volksrepublik China vor allem auch das humanitäre Völkerrecht (auch über die Ausbildung in der Armee) und engagiert sich in der Verstärkung der Zusammenarbeit mit der nationalen Rotkreuzgesellschaft.

Obwohl die Volksrepublik China keine rechtliche Verpflichtung hat, Gefängnisbesuche durch Delegierte des IKRK zuzulassen, hat das IKRK sein Interesse an solchen Besuchen deutlich gemacht, das letzte Mal in meinem Gespräch mit dem chinesischen Aussenminister im Sommer 2005.

Die Einsatzplanung

Wer entscheidet, ob, wo und wie das IKRK irgendwo auf der Welt tätig wird?

Gegen Ende Jahr legt die Direktion der Versammlung des Komitees, das oberste Organ der Organisation, den Entwurf für das Budget und die Ziele des kommenden Jahres vor, und zwar für jedes einzelne Operationsgebiet in rund 80 Ländern. Die Versammlung beschliesst Budget und Ziele. Wenn während des Budgetjahrs die Ziele geändert und/oder das Budget erweitert wird, dann muss dies vom Ausschuss der Versammlung, dem Conseil de l'Assemblée, genehmigt werden. Das war bis Ende Juli 2006 bereits sechsmal der Fall: für Somalia, Israel und die palästinensischen Gebiete, die Zentralafrikanische Republik, Timor-Leste, Sri Lanka und den Libanon.

Wer entscheidet, in welchen Gebieten gearbeitet wird, wer erarbeitet die Grundlagen für die verschiedenen Einsätze und Operationen?

Die Grundlagen werden von den Delegationen vor Ort mit den zuständigen Diensten in Genf ausgearbeitet. Am Tag, als sich im Kaschmir das Erdbeben ereignete, hat sich der Chef der Abteilung für Hilfsoperationen mit dem Chef Logistik zusammengesetzt und aufgrund der Informationen aus dem Katastrophengebiet einen Aktionsplan ausgearbeitet. Dieser ging zur Genehmigung an die Direktion, die darauf dem Ausschuss der Versammlung Vorschläge für den Einsatz zum Entscheid unterbreitete. Der Vorschlag machte im Vergleich zu dem für 2005 verabschiedeten Plan eine Zieländerung und vor allem eine massive Budgeterweiterung nötig.

Welche Rolle kommt dem Präsidenten zu?

Der Präsident leitet die Sitzungen der Versammlung und des Ausschusses der Versammlung. Gemeinsam mit dem Ständigen Vizepräsidenten kommt er zudem vor und nach der wöchentlichen Direktionssitzung mit dem Generaldirektor zusammen. Hier werden vor allem die für die Präsidentschaft wichtigen Punkte der Tagesordnung vorbesprochen, und nach der Sitzung wird das weitere Vorgehen diskutiert.

Die Kompetenz für die Durchführung der Tagesgeschäfte liegt bei der Direktion (dem Generaldirektor und den fünf Direktoren). Der Präsident redet nicht in die täglichen operationellen Geschäfte hinein. Der Generaldirektor hat eine ähnliche – wenn auch nicht identische – Funktion wie ein CEO in einem Wirtschaftsunternehmen. Der Präsident hat die oberste Verantwortung für die Führung der Aussenbeziehungen und Entscheidungskompetenzen in dringlichen Situationen, wo die Zeit nicht ausreicht, die Versammlung oder ihren Ausschuss einzubeziehen. Nachher muss er diese aber über seine Entscheide informieren. Sein enges Verhältnis zur Versammlung und zur Direktion gibt ihm eine wichtige Rolle bei der strategischen Ausrichtung der Institution.

Warum sind noch immer alle Mitglieder der Versammlung des Komitees schweizerischer Nationalität?
Das ist in den Statuten so festgelegt und wird nicht bestritten. Gehören alle Mitglieder der gleichen Nationalität an, hat dies den Vorteil, dass humanitäre Entscheide weniger von politischen Erwägungen beeinflusst werden. Es gibt auch keine Vertretungsansprüche von verschiedenen Ländern, Sprachen, Religionen.

Welches sind die Informationsquellen des IKRK?
Informationen erhalten wir von den eigenen Delegationen im Feld; es gibt viele Gebiete auf der Welt, wo nur das IKRK präsent ist. Eine wichtige Informationsquelle sind Regierungsstellen, mit denen wir Kontakte haben, aber auch Nichtregierungsorganisationen und bewaffnete Gruppen, mit denen wir in einem Konfliktgebiet ständig in Kontakt sind. Das ist eben typisch für das IKRK, dass es versucht, stets mit allen Konfliktparteien im Dialog zu stehen, sei es die staatliche Armee oder seien es Rebellengruppen. Informationen kriegen wir auch von andern humanitären Organisationen, etwa aus dem Kreis der UNO-Agenturen.

Tauschen Sie mit solchen Organisationen auch Informationen aus?
Wir tauschen Informationen aus, aber keine vertraulichen. Wir sind bereit, mit einer andern Organisation die Sicherheit oder die humanitären Bedürfnisse in einem Gebiet gemeinsam zu beurteilen. Vor allem dann, wenn wir erkennen, dass in einem Gebiet bestimmte Bedürfnisse nicht gedeckt sind. Es ist ja erstes Ziel, möglichst alle Bedürfnisse der leidenden Menschen zu decken. Mit gewissen Organisationen haben wir auch einen institutionalisierten Kontakt in Genf. Ich bin regelmässig im Gespräch mit dem Hochkommissar für Flüchtlinge, Antonio Guterres, und mit der Hochkommissarin für Menschenrechte, Louise Arbour, auch mit UNO-Generalsekretär Kofi Annan, telefonisch oder persönlich.

Bezahlen Sie für Informationen?
Nicht, dass ich wüsste. Nein.

*Welches Material können Sie kurz- und mittelfristig überhaupt ein-
setzen?*

Das IKRK hat zahlreiche Lagerhäuser rund um die Welt mit einer
Fläche von rund 100 000 m². Dort sind Decken, Zelte, Kochge-
schirre, Nahrungsmittel, Medikamente etc. eingelagert. Wir verfügen auch über Generatoren zur Energieerzeugung. Die zwei grössten Zentren liegen in Vernier GE (Warenwert rund 15 Millionen
Franken) und in Nairobi (Warenwert schwankend zwischen vier und
sechs Millionen Franken). Weitere grössere Lager befinden sich in
Amman, Khartum und Peshawar. Wir können die Materialien daher
relativ rasch in die Notgebiete bringen.

Sind diese Lager gut gesichert?

Die grossen Lager werden selbstverständlich nicht in kriegsge-
fährdeten Gebieten eingerichtet, auch nicht in Gegenden mit hoher
Kriminalität. Sie sind baulich und technisch gut gesichert und werden nach Bedarf auch von Sicherheitsfirmen bewacht.

Wo und wie beschafft sich das IKRK solches Material?

Das IKRK schreibt seine Aufträge in der ganzen Welt öffentlich
aus, so dass sich weltweit Unternehmen darum bewerben können.
Im Jahr 2005 kaufte das IKRK Güter und Dienstleistungen im Wert
von 338 Millionen Franken ein.

Wie viele Transportmittel kann das IKRK einsetzen?

Weltweit verfügte die Organisation im Jahr 2005 über 3050 Lastwagen und andere Fahrzeuge, die in 36 eigenen Werkstätten unterhalten wurden. Weiter hat das IKRK 25 Flugzeuge geleast, 90 weitere gechartert. In den Einsatzgebieten waren zehn Prozent der Expatriés (Mitarbeiter, die ausserhalb ihres Herkunftslandes zum
Einsatz kommen) und rund 30 Prozent der Lokalangestellten in der
Logistik tätig, in Genf etwa zehn Prozent.

Wie planen Sie die Aktionen im Detail?

Die Durchführung der Operationen wird geleitet von der Direktion für Operationen in Genf, in Zusammenarbeit mit den andern
Direktionen, die einbezogen werden müssen. Man muss zunächst
die humanitären Bedürfnisse im Konfliktgebiet abklären. Das nimmt

das IKRK selbst vor. Dann muss man sich klar werden, wie viel Personal man braucht, welche beruflichen Qualifikationen erforderlich sind, wie es um die Verfügbarkeiten steht. Weiter stellt sich die Frage: Welche logistischen Mittel brauchen wir? Also wie viele Fahrzeuge sind nötig? Müssen wir Flugzeuge leasen? Welche Kommunikationsmittel müssen bereitgestellt werden? Wo müssen Delegationen eingerichtet werden? Die Detailplanung erfolgt in enger Zusammenarbeit zwischen der Delegation im Feld und dem ständigen regionalen Dienst in Genf. Die Direktion für Operationen hat zehn solcher Dienste mit einem ‹Chef des opérations› als Leiter.

Geben Sie ein Beispiel, damit diese Planung anschaulicher wird.

Nehmen wir den Darfur im Westen des Sudan – dort war es bis Frühjahr 2004 unmöglich, Delegationen zu etablieren. Man bekam lediglich Bewilligungen, von Khartum aus tageweise in ein bestimmtes Gebiet zu fahren. Alle Versuche, dort Delegationen zu eröffnen, waren gescheitert. Ich traf deshalb Anfang März 2004 in Khartum den sudanesischen Präsidenten Bashir und sagte ihm, so könnten und würden wir nicht arbeiten, wir müssten im Darfur selbst Delegationen eröffnen. Darauf bekamen wir grünes Licht, und nun war es an der Delegation in Khartum, abzuklären, in welchen Gebieten Unterdelegationen nötig waren, welche personellen und materiellen Mittel von der Büroeinrichtung über Kommunikationsmittel bis zu Fahrzeugen beschafft werden mussten.

Für die Wiederinstandstellung und den Betrieb von Spitälern brauchten wir medizinische Geräte und Medikamente, mussten rasch Krankenschwestern und Ärzte rekrutieren oder aus andern Einsatzgebieten abziehen. Die Darfur-Operation zeigte uns hier auch Grenzen, es war schwierig, in gewissen Kompetenzbereichen rasch qualifiziertes, erfahrenes Personal einzusetzen.

Die relative Nähe unseres logistischen Zentrums in Nairobi war hilfreich. Spezialisten, welche die Aufgabe hatten, die Ernährungssituation im Darfur abzuklären, stellten fest, dass die Ernte nur etwa 30 Prozent des normalen Ertrags betragen würde. Sie kamen zum Schluss, dass Hunderttausende von der Nahrungsmittelhilfe abhängig sein werden. Aufgrund dieser Ergebnisse galt es herauszufinden, welche humanitäre Organisation wo in der Lage ist, Nahrungsmittel zu verteilen.

Der Stand im Frühjahr 2006 war, dass das Welternährungsprogramm vor allem stadtnahe Gebiete und grosse Vertriebenenlager versorgte, das IKRK die Landbevölkerung, Menschen in entlegenen Gebieten, zu denen wir allein Zugang hatten. Im Sommer 2006 haben sich die Ernährungsperspektiven verbessert.

Ein Beispiel für die Vielfalt der humanitären Tätigkeit in einem Konfliktgebiet wie dem Darfur ist eine unter IKRK-Leitung im Herbst 2005 durchgeführte Impfaktion für fast eine halbe Million Tiere, vor allem Kamele des Zaghawa-Stammes im Herbst 2005. Kamele sind das eigentliche Kapital dieser Nomadenstämme (Marktpreis ausserhalb des Darfur, wo die Preise sehr gedrückt waren, rund 700 US-Dollar). Veterinäre der Zentralregierung hatten in diesem von den SLA-Rebellen kontrollierten Gebiet des Norddarfur aber keinen Zutritt. Die SLA war jedoch einverstanden, dass sie die Impfaktion unter Leitung des IKRK durchführten.

So wurden unter unserer Führung und Aufsicht mehrere Hunderttausend Kamele gegen Hautkrankheiten und Krankheiten des Verdauungsapparates geimpft.

Ich nehme an, die Einsätze werden laufend den Bedürfnissen und Gegebenheiten angepasst. Müssen die Delegationschefs Änderungen von der Zentrale in Genf absegnen lassen?

Die Anträge der Direktion beruhen auf Vorschlägen der Delegationen vor Ort. Die Ziele für die einzelnen Einsatzgebiete werden im Rahmen der Verabschiedung des Budgets von der Versammlung beschlossen, auf Vorschlag der Direktion. Wenn Änderungen innerhalb dieser Ziele gemacht werden, müssen die Delegationen keine Einwilligung einholen, aber sie werden mit der entsprechenden Dienststelle in Genf Rücksprache nehmen. Kommt aber während des Jahres ein neues Ziel hinzu, wenn man zum Beispiel in einem Land, in dem das IKRK kein Spital betreibt, ein Spital einrichten möchte, dann muss dies vom Ausschuss der Versammlung bewilligt werden. Oder wenn man feststellt, dass das Budget nicht ausreicht – das kam im letzten Jahr öfter vor –, dann muss diese Budgetaufstockung ebenfalls vom Ausschuss genehmigt werden.

Ein Beispiel: Die im Spätherbst 2005 genehmigten Jahresziele für Israel und die besetzten Gebiete sahen nicht vor, auf dem Golan ein medizinisches und diagnostisches Zentrum einzurichten. Dieses neue Projekt musste deshalb vom Ausschuss im ersten Quartal 2006 beschlossen werden.

Über welche Kommunikationsmittel halten Sie mit den Delegationen Kontakt?
Einmal über das Internet, dann über Satellitentelefon, Funk und normales Telefon.

Wie gross sind die Delegationen?
Das hängt vom Umfang unserer Operationen ab. Im Sudan, wo derzeit unsere grösste Operation läuft, beschäftigen wir rund 2000 Personen, darunter etwa 1800 sudanesische und rund 200 ausländische Mitarbeiter. Der Chef der Delegation ist zuständig für den ganzen Sudan, hat also eine grosse Aufgabe zu bewältigen.

Führen heisst auch Vertrauen schenken

Sie sind Chef von rund 13 000 Mitarbeitern, haben eine anspruchsvolle Führungsarbeit zu leisten. Welches sind Ihre Führungsgrundsätze?
Zunächst zur Erinnerung: Das oberste Organ ist die Versammlung und die Tagesgeschäfte werden weitgehend von den Direktionen geführt.
Der Führungsstil des Präsidenten hat aber zweifellos einen grossen Einfluss auf Stimmung und Motivation in der Organisation, auch wenn die direkte Personalführung im Feld durch den Chef der Delegation erfolgt. Ich trete dafür ein, dass man klar, das heisst mit einem formulierten Auftrag, delegiert und den Mitarbeitern a priori Vertrauen schenkt. Erweist sich dies als nicht gerechtfertigt, wird entsprechend gehandelt. Mir ist auch wichtig, dass man auf jeder Stufe ein sicheres Gefühl dafür entwickelt, wann sich die vorgesetzte Ebene mit einem Problem befassen muss. Ich bin ein Gegner des ständigen Interventionismus, aber ich erachte es als unentbehrlich, dass auf jeder Hierarchiestufe Leute tätig sind, die wissen, wann sie an ihre Grenzen kommen und die ungelösten Probleme rechtzeitig den Vorgesetzten vorlegen. Das funktioniert bei uns sehr gut. Ich finde, dass sich auf jeder Stufe jeder immer wieder überlegen muss,

welches seine hauptsächlichen Aufgaben sind, und einen Sinn für Prioritäten entwickelt. An keinem Ort hat alles die gleiche Bedeutung. Öde Betriebsamkeit ertrage ich nicht und sterile Positionierungskämpfe akzeptiere ich nicht. Beide Probleme stellen sich glücklicherweise im IKRK heute nicht. Ich beharre auch darauf, dass Worte ernst genommen werden, dass man sich klar ausdrückt und über den Inhalt der verwendeten Worte Bescheid weiss. Jargon jeder Spielart ist mir zuwider. Jargon verrät in der Regel Überheblichkeit oder mangelnde Verstandesschärfe. Auf jeder Hierarchiestufe muss man eine Atmosphäre schaffen, in der sich die Leute wohl fühlen. Sie sollen spüren, dass man Vertrauen in sie hat. Sie sollen darum auch Freiräume haben, damit sie sich nach innen und aussen profilieren können. Empfange ich die neuen Mitarbeiter und Mitarbeiterinnen nach dem bestandenen Einführungskurs, liegt mir eine Botschaft besonders am Herzen: Sie mögen sich bei uns ‹à l'aise› fühlen.

Wie schaffen Sie dieses positive Klima?
Das eigene Verhalten trägt dazu bei. Wenn man in der eigenen Funktion streng Prioritäten setzt, konsequent darauf verzichtet, sich in alles einzumischen, Vertrauen und Sorgfalt im Umgang mit der Sprache zeigt, das Wort ernst nimmt, wirkt sich das auch an andern Orten aus. Das sollte jeder stets vor Augen haben und in seinem Verhalten berücksichtigen. Ich finde es lächerlich, wenn Leute, die Effizienz predigen, mit masslosen Geltungsbedürfnissen und mangelnder Disziplin die grössten Effizienzverluste verursachen.

Im IKRK haben Mitarbeiterinnen und Mitarbeiter auch ein ausgeprägtes Bedürfnis, über alle Entwicklungen informiert zu werden, welche die Organisation und ihre Tätigkeiten betreffen. Das musste ich über die Jahre besser lernen. Das IKRK ist schliesslich eine Organisation, die es gewohnt ist, in einem straffen konzeptuellen Rahmen zu arbeiten. Mitarbeiterinnen und Mitarbeiter erwarten, dass für bestimmte Situationen – zum Beispiel Geiselnahmen oder öffentliches Sprechen – klare Verhaltensvorschriften bestehen.

Sie erwähnen Geiselnahmen und das Sprechen in der Öffentlichkeit. Welche Regeln müssen die IKRK-MitarbeiterInnen hier einhalten?
IKRK-Mitarbeiter verpflichten sich schon bei der Anstellung, das Prinzip der Vertraulichkeit einzuhalten. Sie werden in der Öffent-

lichkeit nicht erzählen, welche Verletzungen des humanitären Völkerrechts sie im Kriegsgebiet oder in den Gefängnissen angetroffen haben.

Zu den Geiselnahmen: IKRK-Mitarbeiter werden sich nie in Verhandlungen über die Befreiung von Geiseln einschalten. Sie sind aber bereit, bei der Befreiung der Geiseln mitzuwirken, wenn die beteiligten Parteien damit einverstanden sind.

Wie und wie häufig werden Sie über die Entwicklung an den verschiedenen Einsatzorten orientiert?
Regelmässig. Auf Situationen, wo sich humanitär und sicherheitsmässig besonders heikle Entwicklungen anbahnen, werde ich besonders aufmerksam gemacht. Es sind ja diese Situationen, die es am wahrscheinlichsten machen, dass ich mich vor Ort begeben muss, um mit der Regierung zu verhandeln und mir selbst ein Bild der Lage zu verschaffen. Vor und nach der wöchentlichen Sitzung der Direktionen bespreche ich, zusammen mit dem Vizepräsidenten, die wichtigsten laufenden Fragen mit dem Generaldirektor. Es ist klar, dass ich die grossen und heiklen Operationen besonders intensiv verfolge und mit den zuständigen operationellen Chefs auch regelmässig bespreche. Der Sudan, der Irak, Israel und die besetzten Gebiete und Somalia und der Libanon waren dafür im Sommer 2006 typische Beispiele.

IKRK-Mitarbeiter sind selbstständig denkende Menschen, die selber Initiative ergreifen müssen, daher auch kritische Mitarbeiter. Finden sie mit ihrer Kritik bei Vorgesetzten ein offenes Ohr? Lassen auch Sie als Präsident Kritik zu?
Auf jeden Fall.

Würden Sie gegenüber Untergebenen auch eigene Fehler eingestehen?
Selbstverständlich, ohne ein Geständnis-Typ zu sein, weil sich dies heute allenfalls gut macht. Ich bin kein Förderer von Geständnis- und Schuldbekenntniskulturen. Ich erwarte lediglich, dass der gleiche Fehler nicht zweimal gemacht wird. Aber ich habe keine Mühe, am richtigen Ort festzustellen, wenn ich mich in etwas getäuscht habe. Es passiert, dass ich von mir aus sage, im Rückblick hätte ich

das und das anders gemacht. Aufs Ganze gesehen kann ich mich auf meine strategische Intuition und meine Menschenkenntnis gut verlassen. Im Übrigen bin ich überzeugt – und sage dies den Führungskräften im Haus auch immer wieder –, dass es sich lohnt, sich regelmässig der Anstrengung zu unterziehen, die eigenen Überzeugungen zu widerlegen.

Wie halten Sie die Balance zwischen kollegialem und hierarchischem Führungsstil?
Mich hat diese Frage eigentlich nie beschäftigt. Es war mir immer wichtig, mich mit möglichst starken Leuten zu umgeben, mit möglichst intelligenten und kritischen. In einem solchen Umfeld stellt sich die Frage kaum, ob man eher hierarchisch oder mehr kollegial führt. Wichtig ist, dass man ein Umfeld schafft, wo die Mitarbeiter wagen, das zu sagen, was sie denken. Es muss stets Zeit bleiben für ein Brainstorming, für offene und ehrliche Diskussionen, aber dann muss entschieden werden und die Entscheide müssen umgesetzt werden. Ich bin nicht bereit, nach einem gut vorbereiteten Entscheid wieder in die Brainstormingphase zurückzugehen.

Mit wem können Sie schwierige Situationen und Komplikationen unter vier Augen besprechen?
Wir haben zwischen Präsident und Direktion ein ausgezeichnetes Verhältnis, ein sehr kollegiales und freundschaftliches. Mit den Vizepräsidenten, dem Generaldirektor und allen Direktoren kann ich jederzeit ein sehr offenes persönliches Gespräch führen.

Macht Führen einsam?
Nein, mich macht Führen nicht einsam. Ich führe gerne zusammen mit Persönlichkeiten, die mir nahe stehen und die ich aufgrund ihrer Charaktere und ihrer Fähigkeiten ausserordentlich schätze. Ich habe dieses Umfeld, und deshalb ist es auf diesem Posten nicht schwierig, Führungsarbeit zu leisten.

Es gibt immer Leute, die Kritik, oder sagen wir Verbesserungsvorschläge, vorbringen.
Im IKRK laufen sehr intensive Diskussionen. Man sagt zu Recht, jeder IKRK-Mitarbeiter fühle sich ein bisschen als Miteigentümer

der Organisation. Das stimmt, und das ist auch gut so, das vertieft das Engagement. Kritische Auseinandersetzungen finden vor allem über die Gewichtung der verschiedenen Tätigkeiten oder das Verhalten in bestimmten Situationen statt.

Zum Beispiel?
Es gibt immer wieder intensive Diskussionen darüber, ob wir in einem Land unsere Gefangenenbesuche einstellen sollen, wenn unsere Interventionen keine oder wenig Wirkung zeigen, also nicht zum Erfolg führen, oder ob wir trotzdem weitermachen sollen, gerade im Interesse der Gefangenen.

Ich nehme an, die IKRK-Einsätze werden im Team vor Ort, aber auch in der Genfer Zentrale laufend kritisch nachbesprochen, so dass man aus Fehlern lernen kann.
Ja. Bei der Grossoperation im Darfur im Sommer 2004 stellten wir Probleme beim raschen Einsatz von gewissen Personalkategorien fest.
Die Lehre: Wir müssen Massnahmen ergreifen, um sehr mobil und verfügbar zu bleiben. Bei der Nachbesprechung der Tsunami-Katastrophe hatten manche das Gefühl, wir hätten mehr Mittel einsetzen können. Die relative Zurückhaltung kam daher, dass unser traditionelles Einsatzgebiet bewaffnete Konflikte sind und nicht Naturkatastrophen und bereits viele humanitäre Organisationen im Einsatz waren. Wir entschieden jedoch nach der Analyse, uns künftig auch bei Naturkatastrophen in politisch sensiblen Gebieten stark zu engagieren, wenn wir in der Lage sind, rascher und wirkungsvoller als andere Hilfsorganisationen einzugreifen. Diesen Grundsatz haben wir nach dem Erdbeben in Südasien vom 8. Oktober 2005 nach Ansicht der Betroffenen und der Geldgeber eindrucksvoll umgesetzt.

Wo stellen Sie Schwachstellen fest?
Die wirkliche Herausforderung für das IKRK ist, trotz seiner Grösse, weiterhin flexibel zu bleiben. Unsere Stärke lag und liegt in einem ausserordentlich hohen Grad von Flexibilität, der raschen Einsatzbereitschaft und der Vielfalt der Hilfs- und Schutzleistungen. Jetzt, da wir stark gewachsen sind, müssen wir aufpassen, dass diese

Beweglichkeit nicht eingeschränkt wird, etwa durch bürokratischere Abläufe, kompliziertere Strukturen, die alles etwas schwerfälliger machen. Man erwartet in einer grossen Organisation doch immer mehr, dass alles möglichst voraussehbar und planbar wird. Es muss uns unbedingt gelingen, die Flexibilität einer kleinen Organisation mit den Stärken einer grossen Organisation zu verbinden. Es geht darum, Anreize zu schaffen, dass Leute nach wie vor bereit sind, von einem Tag auf den andern in einen Einsatz zu gehen, den Einsatzort zu wechseln oder Tätigkeiten auszuüben, die besonders aufreibend sind. Das ist heute noch so, aber wir müssen, wenn wir weiter wachsen, sehr darauf achten, dass diese Beweglichkeit nicht verloren geht.

Hat sich Ihr Menschenbild seit der Tätigkeit im IKRK verändert?

Im Wesentlichen nicht. Ich hatte früh das Gefühl, der Mensch sei zum Grossartigsten fähig, aber auch zum Widerlichsten. Was ich in den Konfliktgebieten, aber auch in meinen früheren Tätigkeiten gesehen und erlebt habe, bestätigt diese Auffassung. Ich bin ja nicht gerade ein Samariter-Temperament, aber ich lehne mich sehr stark auf gegen Menschen, die andere leiden machen. In meiner Tätigkeit treffe ich immer wieder auf Menschen, die unglaubliches Leid anrichten, aber auch auf Menschen, die grosse Würde und Stärke zeigen. Meine Tätigkeit spornt mich sehr an, mich für die Würde des Menschen einzusetzen; sie verleitet mich aber auch nicht dazu, den Menschen zu überhöhen.

Reisen zu den Notleidenden und zu den Mächtigen

Ihr Job ist nicht ausschliesslich ein Bürojob, Sie sind wie früher als Diplomat oft auf Reisen, nur sind Ihre Reisen heute beschwerlicher, weil sie zum Teil in unwirtliche Gebiete führen. Wie gross ist der Anteil der Reisen in Ihrer Tätigkeit?

Ungefähr ein Viertel der Arbeitszeit verbringe ich auf Auslandreisen, das variiert von Jahr zu Jahr.

Welche Ziele verfolgen Sie auf diesen Reisen?

Es gibt zwei Typen von Reisen: Da sind einmal die Reisen, wo es darum geht, mit Regierungsvertretern anstehende Probleme zu diskutieren und zu lösen, die Lage in humanitären Krisengebieten zu besprechen und die Grundsätze des IKRK zu gewissen Fragen in der persönlichen Begegnung zu verdeutlichen.

Das sind Reisen, die sehr stark der klassischen Diplomatie gleichen, etwa der Besuch im Februar 2005 in Washington, wo ich innert anderthalb Tagen Gespräche führte mit Präsident Bush, mit Aussenministerin Rice und Verteidigungsminister Rumsfeld und dem Chef des Nationalen Sicherheitsrates, Hadley. Diese Art von Reisen sind häufig. Ich bin auch regelmässig in Brüssel. Nimmt man die Besuche bei der EU und der NATO zusammen, bin ich jährlich mindestens viermal in Brüssel.

Dann gibt es die andere Art von Reisen – die führen in ein Konfliktgebiet, in dem wir tätig sind. Diese Reisen müssen immer ein klares Ziel und einen Mehrwert für die Institution haben. Wenn ich also zum Beispiel in den Sudan fliege, dann reise ich dorthin, weil es mit der Regierung etwas zu verhandeln gibt, das bisher nicht gelöst werden konnte und das man nur auf meiner Stufe lösen kann, und weil ich wissen will, wie die Lage im Konfliktgebiet ist, damit ich auch ein Gefühl dafür bekomme, welche Sicherheitsrisiken die Mitarbeiterinnen und Mitarbeiter eingehen.

Nehmen wir die Darfur-Reise vom November 2004: Damals wollte ich mir auch abseits der Orte, die von Politikern und Medienvertretern regelmässig besucht werden, ein Bild von der Lage machen und die Arbeit und das Befinden unseres Personals kennen lernen. Meine Reise in das Kriegsgebiet des Südlibanon Anfang August 2006 gehört auch in diese Kategorie.

Wenn Sie reisen, erleben Sie bestimmt lange und anstrengende Tage mit unzähligen Besprechungen und Besichtigungen.
Das stimmt.

Nehmen wir das eben erwähnte Beispiel. Ich war vom 25. November bis 1. Dezember 2004 im Sudan. Es gab drei Ziele: Ich wollte mir ein Bild machen von den Verhältnissen auf dem Feld im Darfur, wollte sehen, wie unsere Projekte laufen, und mit der Regierung unseren Bericht über die Verletzungen des humanitären Völkerrechts besprechen. Wir haben im Darfur u. a. fünf Spitäler wiederhergestellt und für mehrere Hunderttausend Leute die Wasserversorgung sichergestellt.

Ich kam gegen Mitternacht am 25. November in Khartum an. Am folgenden Tag hatte ich Gespräche mit Mitgliedern der Regierung und bin im Laufe des Tages in die Hauptstadt des Norddarfur, nach El Fasher, gefahren, hatte dort Gespräche mit dem Gouverneur der Provinz. Dann folgten ein Briefing mit der Delegation und Gespräche mit Vertretern anderer humanitärer Organisationen. Das war übrigens in einer Phase, in der die Konflikttätigkeit in der Gegend nach einem Angriff der SLA auf Tawila am 25. November wieder stark zugenommen hatte.

Übernachtet habe ich bei unserem Delegationschef in El Fasher. Am nächsten Tag flog ich früh mit einer alten Twinotter von Al Fashir nach Kutum, einer Stadt etwa hundert Kilometer von El Fasher entfernt. Die Mitarbeiter meinten schmunzelnd, ich hätte mit diesem Flug die Fluglinie El Fasher-Kutum eingeweiht. Alle humanitären Organisationen hatten diese Stadt verlassen, weil es in der Umgebung zu Gefechten kam, nur das IKRK war geblieben. Die Stadt war eingeschlossen von Rebellen. Ich wollte trotzdem unsere Delegation besuchen. Das IKRK hatte die Landepiste in Kutum selbst hergerichtet. In Kutum hatte ich zuerst ein Treffen mit dem Kommandanten der Regierungsarmee, später mit der zivilen Verwaltung von Kutum, dann besuchte ich das Spital, das das IKRK wieder hergerichtet hatte und selbst führte und wo es auch eigene Ärzte beschäftigte. Am gleichen Tag besuchte ich das Vertriebenenlager Kassab, welches das IKRK geplant und eingerichtet hat, und eine vom IKRK erstellte Pumpstation für die Trinkwasserversorgung der Stadt Kutum. Mit unseren Delegierten traf ich mich zum Essen, es folgte ein Gespräch mit den einheimischen Angestellten. Darauf gings zurück nach El Fasher. Dort besuchte ich das grosse Vertriebenenlager von Abu Shock und traf mich mit unseren Mitarbeiterinnen und Mitarbeitern. Am gleichen Tag war in El Fasher der EU-Kommissar für humanitäre Fragen, Louis Michel, gelandet, der mich in der IKRK-Delegation besuchte und die Lagebeurteilung des IKRK kennen lernen wollte.

Tags darauf flog ich in der Frühe von El Fasher mit der Twinotter in die Provinzstadt Zalingei, wo ausser dem IKRK nur noch ein paar Vertreter der Médecins Sans Frontières tätig waren. Wir führen dort zusammen das Spital, das ich besuchte. Das IKRK leitete den chirurgischen Teil. Nach einem Besuch eines Vertriebenenlagers, wo wir gerade Kleider verteilt hatten, folgten stündige Gespräche mit dem Militärkommandanten und dem zivilen Kommissar. Darauf traf ich eine Versammlung von Scheichs, die über die Bedingungen des Friedens in der Gegend diskutierten. Nach Gesprächen mit unseren Delegierten weihte ich ausserhalb von Zalingei noch eine vom IKRK gebaute Wasserpumpstation ein, mit der 30 000 Personen mit Trinkwasser versorgt werden können. Den für das Projekt verantwortlichen irakischen Wasseringenieur des IKRK hatte ich übrigens das letzte Mal Anfang Mai 2003 während des Kriegs in Bagdad getroffen.

Die Angestellten haben darauf bestanden, dass diese Wasserstation meinen Namen trägt, sie heisst jetzt also Jakob-Station. Noch am gleichen Tag gings dann im Flugzeug wieder zurück nach El Fasher und in der Nacht weiter nach Khartum, wo ich zwei Tage Gespräche mit der sudanesischen Regierung führte. Gegenstand der Gespräche waren in erster Linie die schweren Verletzungen des humanitären Völkerrechts durch die sudanesische Armee und die arabischen Milizen.

Es sind wohl eher bescheidene Logis, in welchen Sie auf den Dienstreisen übernachten.

In den grossen Städten wohne ich in Hotels, in den Konfliktgebieten übernachte ich bei den Delegationschefs, die in der Regel gut, wenn auch meist einfach untergebracht sind. Die Dusche im Freien ist selten geworden.

In welchen Fahrzeugen reisen Sie?

Zwischen den grossen Städten mit Kursflugzeugen. Wo diese nicht mehr hinfliegen, geht es mit den Transportmitteln des IKRK weiter: mit Flugzeugen, Helikoptern, Geländefahrzeugen.

Haben Sie auf Dienstreisen auch Kontakte zur einheimischen Bevölkerung?

Ich habe recht oft solche Kontakte auf meinen Reisen. Aber die Einheimischen sind dann eben meist in besonderen Situationen, etwa im Spital oder in Lagern. Oft kann ich mich allerdings nicht mit den Menschen unterhalten, weil ich ihre Sprache nicht spreche. Ich spreche zwar Spanisch, Französisch, Englisch, aber weder Arabisch noch Russisch. In andern Gebieten wiederum ist der Dialog möglich, dann frage ich nach ihrem Befinden und will erfahren, wie sie die Situation und ihre Zukunftsaussichten beurteilen.

Diese Menschen sind fast ausnahmslos in Notsituationen, häufig krank oder verletzt. Wie reagieren sie, wenn der IKRK-Präsident auf sie zukommt?

Ich glaube nicht, dass es für diese Menschen in Notsituationen, zum Beispiel für Schwerverletzte in einem Spital, einen grossen Unterschied macht, ob der IKRK-Präsident sie besucht oder Delegierte sich um sie kümmern.

Diese Menschen suchen rasche effiziente Hilfe, da spielt es keine Rolle, auf welcher Hierarchiestufe der Besucher steht. Etwas anders ist es, wenn ich ein grosses Vertriebenenlager besuche mit Zehntausenden von Menschen, in dem sich auch Stammesführer aufhalten. In diesem Fall ist es für die Leute ein wichtiges Ereignis, wenn sie wissen, dass der Präsident vorbeikommt und die Stammesführer direkt mit dem Präsidenten über ihre Nöte und Sorgen sprechen. Es wurde mir schon gesagt, ich würde den symbolischen Wert von Präsidentenbesuchen für viele Menschen unterschätzen.

Hegen diese Menschen in Not nicht zu hohe Erwartungen?

Nein, zu hohe Erwartungen stelle ich nicht fest. Aber alle haben das Bedürfnis mitzuteilen, dass sie über die Aktionen des IKRK froh sind.

Was auffällt: Die Leute wollen mit einem ihre Sorgen teilen, wollen über all das reden, was sie beschäftigt. Und da scheint es für die leidenden Menschen schon eine besondere Situation, dass sie ihre Sorgen mit dem Präsidenten des IKRK teilen können.

Sie werden kaum dazukommen, kulturell oder historisch interessante Orte zu erkunden.

Nein, das nicht. Trotzdem lerne ich natürlich jedes Mal viel über das betreffende Gebiet. Es ist für mich jedes Mal ein Ansporn, die Geschichte und die Lebensgewohnheiten einer Region zu studieren. Ich schaue auch die Karten sorgfältig an. Das Dossier, das mir vor der Reise übergeben wird, enthält immer einen umfangreichen historischen Teil und detaillierte Karten.

Sind Sie vor Ort hartnäckig im Fragen und Erkunden, interessiert Sie auch die Ansicht des ranguntersten Mitarbeiters?

Aber sicher. Ich habe überall ausreichend Gelegenheit, mich über alles zu erkundigen, und ich nutze diese auch. Auf den Reisen lerne ich auch unglaublich viel. Ich interessiere mich auch für technische Einzelheiten, für logistische Fragen. Es ist nimmt mich z. B. wunder, welches Lastgewicht ein Hubschrauber in den Tälern des Kaschmir auf welche Höhe tragen kann.

Auf solchen Dienstreisen gibt es Ortswechsel am laufenden Band, viele anstrengende Begegnungen mit verschiedenen Menschen, bleibende Eindrücke, und die Tage sind 12–14 Stunden lang. Wie meistern Sie diese Strapazen? Keine Probleme?

Nein, ich habe keine Probleme. Auch drei Nachtflüge innerhalb von sechs Tagen mit vielen Besprechungen, was auch schon vorgekommen ist, ertrage ich gut. Da hilft mir sicher, dass ich immer viel Sport getrieben habe und ziemlich gesund lebe.

Wie lange brauchen Sie zur Erholung nach anstrengenden Reisen? Wie tanken Sie wieder auf?

Sehr lang bin ich ja nie auf Reisen, selten länger als fünf bis zehn Tage. Wenn es geht, fahren meine Frau und ich am Wochenende in unser Chalet in den Waadtländer Alpen, dort kann ich mich am besten erholen.

Wir plaudern viel, treiben Sport und lesen. Die Literatur ist nie weit weg. Ich schreibe auch gerne meine Erlebnisse und Eindrücke auf, um besser zu verstehen und verarbeiten zu können, eine Art Tagebuch. Meine Frau bereitet die Schulstunden für die kommende Woche vor.

Sie reisen mit einem Schweizer Diplomatenpass. Welche Vorteile bringt Ihnen das?

In Europa spielt der Diplomatenpass keine grosse Rolle mehr, aber in aussereuropäischen Gebieten bringt er Vorteile, überall dort, wo die Grenzformalitäten sehr kompliziert sind.

Sie reisen oft allein oder im Feld gemeinsam mit Mitarbeitern, aber immer ohne Personenschutz.

Ich reise wie alle unsere Mitarbeiter ohne Personenschutz, und ich gehe an die gleichen Orte wie sie. Unsere Delegierten sind Profis, und ich habe grosses Vertrauen in sie. Wenn sie sagen, die Sicherheitslage erlaubt es, irgendwo hinzugehen, dann gehe ich mit. Ich habe im Haus von Anfang an klar gemacht: Wo unsere Leute arbeiten, da geht der Präsident auch hin, das ist für mich ein Prinzip. Auf gewissen Missionen begleitet mich einer meiner persönlichen Mitarbeiter oder der Mitarbeiter, der in Genf für die Region zuständig ist. Dabei ist in der Regel auch der Delegationschef des entsprechenden Landes.

Nach welchen Kriterien entscheiden Sie, ob Sie persönlich an die Brennpunkte reisen?

Wie gesagt: Mein Besuch muss für die Tätigkeit des IKRK einen bestimmbaren Mehrwert haben. Es gibt Probleme, die man nicht lösen kann, ausser man verhandelt auf der obersten Ebene, vor allem in Ländern, die autoritär organisiert sind. Wenn es also nicht gelungen ist, auf einer tieferen Stufe eine Lösung zu erreichen, dann mache ich mich auf den Weg, um selber zu verhandeln. Ein zweiter Grund kann sein, dass eine grosse IKRK-Operation im Gange ist, wo sehr viel auf dem Spiel steht, sowohl was das Personal als auch die Finanzen betrifft. In solchen Fällen will ich mir selber ein Bild machen von der Situation, der Wirksamkeit unserer Aktion und vom Befinden unserer Leute.

Ihre Mitarbeiter gelangen also an Sie, wenn es harzt, wenn sie nicht mehr weiterkommen. Dann ist eine persönliche Intervention des Präsidenten das letzte Mittel.

So ist es. Ich gebe ein Beispiel: Nach dem eritreisch-äthiopischen Krieg (2000) hätten die beiden Staaten die Kriegsgefangenen freilassen müssen, denn nach dem humanitären Völkerrecht müssen die Kriegsgefangenen freigelassen werden, wenn die aktiven Feindseligkeiten eingestellt sind. In der Regel passiert dies leider nicht. Der Delegationschef vor Ort und auch Mitarbeiter in Genf haben versucht, die Gefangenen freizubekommen, doch es hat nicht geklappt. Darauf sind wir in Genf zum Schluss gekommen, dass noch eine Chance besteht, wenn Kellenberger persönlich beim Präsidenten von Eritrea und beim Ministerpräsidenten von Äthiopien interveniert.

So bin ich im August 2002 nach Asmara und nach Addis Abeba geflogen, habe unseren Standpunkt klar gemacht und auf der Freilassung beharrt, unabhängig davon, wie sich die andere Seite verhält. Ein paar Wochen später wurden die Kriegsgefangenen freigelassen.

Eine ähnliche Rolle habe ich bei der Freilassung marokkanischer Kriegsgefangener durch den Polisario gespielt, als ich mich im November und Dezember 2000 deswegen zweimal in die Westsahara begab. Viel verdankte ich dort der persönlichen Unterstützung durch den algerischen Präsidenten Bouteflika.

Ein bisschen Freizeit wird Ihnen auch auf den Reisen noch bleiben. Wie verbringen Sie Ihre Freizeit?

Viel Freizeit bleibt nicht. Zeit habe ich meistens im Flugzeug. Auf den Flügen bereite ich Gespräche vor und schreibe meine Eindrücke auf. Das Schreiben zwingt einen, die Eindrücke zu präzisieren.

Ich weiss, Sie lesen in stillen Stunden auch Gedichte.

Ja, es stimmt. Ich nehme gerne ein schönes Buch mit oder mein kleines Heft, in dem ich Gedichte aufgeschrieben habe, die ich besonders mag. Die meisten kenne ich inzwischen auswendig. Sie helfen mir, mich zu sammeln, mich auf Wesentliches zu besinnen, mich einer andern Logik als der Alltagslogik hinzugeben. Ich habe Antonio Machado gern, auch manche Gedichte von Lorca, Bequer, Nerval, Baudelaire, Mörike. Auch Stellen aus Goethes ‹Faust› oder Schillers ‹Wallenstein› sind im Gedächtnis geblieben. Ich habe auf diesen Reisen sehr viele starke und traurige Eindrücke. Ein Gedicht führt mich einen Augenblick lang in eine andere Welt, hat für mich etwas Beruhigendes.

Sie haben die traurigen Schicksale erwähnt, das Elend, dem Sie immer wieder begegnen. Nehmen Sie die Not 1:1 wahr oder versuchen Sie, gewissermassen einen Filter vorzuhängen?

Ich glaube nicht an die reine objektive Wahrnehmung, baue aber nicht, wie Sie es nennen, bewusst Filter ein. Ich werde auch nicht ausschliesslich mit traurigen Situationen konfrontiert. Ich erlebe auch, wie das IKRK vielen Menschen sehr wirkungsvoll helfen kann. Ich würde sogar sagen, in der Erinnerung bleibt das Positive, das die

Mitarbeiterinnen und Mitarbeiter für die Notleidenden tun konnten, stärker haften als das Schlimme.

Sind Ihnen einzelne Szenen besonders haften geblieben?
Ich habe immer etwas Mühe mit der persönlichen Schilderung von Leid und Not. Ich trage eigene Emotionen nicht gerne nach aussen. Aber gut: Mein erster Besuch im Felde war im Herbst 1999 in Afghanistan, auf beiden Seiten der Front, das war während des Bürgerkriegs zwischen den Taliban und der Nordallianz. Als ich unsere Orthopädieklinik in Kabul besuchte, begegnete ich einem jungen starken Mann, der gerade eine Amputation hinter sich hatte und dem die Gipsabdrücke für die Armprothesen genommen wurden. Der Gesichtsausdruck dieses Mannes hat sich mir tief eingeprägt. Ich spürte unmittelbar, was es für einen Menschen bedeutet, der jung und im Vollbesitz seiner Kräfte ist und plötzlich Gliedmassen verliert. In dieser Klinik findet auch die Rehabilitation statt; die Leute lernen, sich mit den Prothesen zu bewegen. Beeindruckt hat mich der starke Lebenswille, der in den Gesichtern dieser Menschen stand, der Wille, wieder selbständig leben zu können.

Ein trauriges Erlebnis hatte ich während des Bürgerkrieges im angolanischen Hochland im Herbst 2000. Als ich durch die Krankensäle des vom IKRK unterstützten grossen Zentralspitals von Huambo ging, bemerkte ich eine junge Frau. Der Arzt, der mich begleitete, sagte mir, die Frau sei sehr schwer verletzt und der rasche Transport mit einem geeigneten Flugzeug nach Luanda sei unerlässlich, um ihre Überlebenschance zu erhöhen. Aber es gab kein Flugzeug, um die Frau aus der von den Rebellen weiträumig umstellten Stadt auszufliegen.

Im Gedächtnis geblieben ist mir von der gleichen Reise, wie unsäglich gleichgültig die so genannte Führungsschicht gegenüber dem Elend der eigenen Bevölkerung sein kann. Um die weiträumig eingekreisten Städte Huambo und Kuito lebten gegen eine halbe Million Menschen in Vertriebenenlagern, von denen ich vier besuchte. Regierungsvertreter liessen sich in dieser nicht ungefährlichen Hochebene nicht blicken, aber nicht nur das, sie überliessen auch die Unterstützung der Vertriebenen internationalen humanitären Organisationen wie dem IKRK. Die Nähe von Elend und Wohlleben, die ich oft antreffe, beschäftigt mich auch immer wieder. Als ich vom kriegszerstörten Kuito nach Lobito flog, wo sich das logistische Zentrum des IKRK befand, und dort landete, war ich in einer völlig andern Welt. Leute joggten dem Meer entlang und einladende Restaurants warteten auf Gäste. Zurück in Luanda stellte ich an einem diplomatischen Empfang und in Gesprächen mit Regierungsvertretern fest, dass sich die meisten gar nie in das zentrale Hochland Angolas, wo immerhin mehr als ein Drittel der Landesbevölkerung lebte, begeben hatten. Unvergesslich bleibt mir auch, wie mir der Minister für humanitäre Angelegenheiten stolz ankündigte, fortan würden zugunsten des zentralen Hochlandes monatlich 0,5 Millionen US-Dollar mehr aufgewendet. Die monatlichen Nettoeinnahmen der Regierung (also nach Abzug von Schuldenrückzahlungen etc.) sollen sich damals schon auf 89 Millionen US-Dollar belaufen haben. Es ist nicht originell festzustellen, dass ein nationales Solidaritätsgefühl fehlt, doch die Situation in diesem kriegsgeplagten Land hat mich auf der Reise von Luanda über Huambo, Kuito, Lobito und zurück in die Hauptstadt besonders getroffen. Vor allem die Philosophen der französischen Aufklärung konnten leidenschaftlich streiten über die Frage, ob Mitgefühle weite Strecken zurücklegen können, ohne dass dabei jede Handlungsbereitschaft verloren geht. Diese Erfahrung erlaubt mir zumindest eine Teilantwort: Die Mitgefühle legten die Strecke von Westeuropa bis zum angolanischen Hochland besser zurück als von Luanda aus und mit weniger Verlust an Handlungsbereitschaft.

Solche Erlebnisse treffen Sie jedes Mal von Neuem.
Ja. Das ist so. Es gibt aber auch Vorfälle, die mich nicht nur traurig, sondern auch wütend machen. Besonders erschüttert hat mich eine Erfahrung während des Irakkrieges Anfang Mai 2003 in Bagdad. Es ist ein Beispiel blinder Zerstörungswut, unter der die Wehrlosesten zu leiden hatten. Es war die Zeit der grossen Plünderungen, die vor nichts Halt machten. Als ich die vom IKRK unterstützte grösste psychiatrische Klinik Al Rashid besuchte, erfuhr ich, dass die Plünderer aus der Nachbarschaft bis auf einen alle tausend Wasserhahnen in den Zimmern herausgerissen hatten. Bei einem gelang es nicht, doch dieser eine wurde derart verbogen, dass er nicht mehr zu gebrauchen war. Die Insassen, die nicht geflohen waren, sassen völlig wehrlos und verschreckt auf dem Boden. Die um die Anlage

patrouillierenden Panzer konnten die regelmässigen Plünderungswellen nicht verhindern.

Als ich am nächsten Tag mit dem amerikanischen Chef im Irak, General Garnier, und dem britischen General Cross auf dem Flughafen zusammentraf, schilderte ich ihnen die unerträglichen Verhältnisse und bat sie dringend, Panzer innerhalb der Anlage aufzustellen und nicht darum herum patrouillieren zu lassen. Dies geschah bald darauf, und die Plünderungen hatten ein Ende.

Es gibt einen Ort, zu dem Sie keine lange Anreise haben, das ist Davos. Sie werden jedes Jahr zum World Economic Forum WEF eingeladen. Welchen Gewinn bringt Ihnen das WEF?

Je nach Teilnehmerkreis kann ich in Davos an einem Ort Politiker aus verschiedenen Ländern treffen, wo das IKRK tätig ist und es unter Umständen auf hoher Ebene Probleme zu diskutieren gibt. Als Mitglied der IGWEL (Informal Group of World Economic Leaders) kann ich auch an den vertraulichen Diskussionen dieser Personengruppe teilnehmen, was mir eine zusätzliche Perspektive für regionale und globale Lagebeurteilungen vermittelt. In meiner Funktion ist es wichtig, die unübersichtliche, sich rasch entwickelnde Welt aus verschiedenen Perspektiven, nicht nur der humanitären, zu beurteilen.

Macht und Ohnmacht des IKRK

Das IKRK hat den Auftrag, Opfer von bewaffneten Konflikten zu schützen und ihnen zu helfen. Die Hilfsoperationen in den Kriegsgebieten dürften in Zukunft eher schwieriger werden.

Allgemein gültige Aussagen lassen sich nicht machen. Innerstaatliche Konflikte oder Bürgerkriege, wie sie heute vorherrschen, bilden aber oft ein besonders heikles Umfeld. Das IKRK führt an mehr Orten als früher Operationen durch, dadurch steigt auch die Zahl der schwierigen Aufgaben.

Die Regionen, in denen wir nicht von allen Konfliktparteien akzeptiert werden, sind besonders gefährlich. Das ist einmal der Irak, wo unsere Hauptdelegation im Oktober 2003 angegriffen wurde und seit Beginn des Krieges am 20. März 2003 fünf Mitarbeiter ums

Leben gekommen sind, dann der Süden und der Südosten von Afghanistan, wo im Frühjahr 2003 ein Mitarbeiter von uns ermordet wurde. Aufs Ganze gesehen wird das IKRK weltweit bei den Konfliktparteien ungewöhnlich gut akzeptiert. Das erklärt auch seine Präsenz und Tätigkeit in Gebieten, in denen keine anderen Organisationen oder nur ganz wenige tätig sind.

Es gibt doch viele Konfliktparteien, die den humanitären Argumenten gar nicht zugänglich sind, die das humanitäre Völkerrecht nicht restlos akzeptieren.

Das humanitäre Völkerrecht wurde leider nie restlos respektiert. Das ist nichts Neues. Auch Konfliktparteien, welche dieses Recht nicht respektieren, lassen die Schutz- und Hilfstätigkeit des IKRK meist zu. Seit dem Ende des Kalten Krieges hat sich eine Entwicklung verschärft, die unsere Aufgaben erschwert. Wir haben heute vor allem Bürgerkriege – zwischen einer staatlichen Armee und nichtstaatlichen bewaffneten Gruppen oder zwischen nichtstaatlichen bewaffneten Gruppen.

Die Konflikte spielen sich immer öfter in zerfallenen oder zerfallenden Staaten ab. In diesen Konflikten ist die Zivilbevölkerung, vor allem Frauen, Kinder, ältere Menschen, nicht nur Hauptleidtragende, sondern die eigentliche Zielscheibe. Wir können nicht von vornherein davon ausgehen, dass die nichtstaatlichen bewaffneten Gruppen mit dem humanitären Völkerrecht vertraut sind, und selbst wenn sie das sind, lehnen sie es unter Umständen ab, mit dem Argument, sie hätten ohnehin nichts mit der Entwicklung dieses Rechts zu tun gehabt.

Es gibt auch Bürgerkriege mit mehreren Konfliktparteien, wo das Umfeld sehr unübersichtlich ist, wo Allianzen wechseln, sich Konfliktparteien aufspalten und die Chefs der einzelnen Gruppen sehr schwierig zu erreichen sind. Es ist dann manchmal fast unmöglich, einen kompetenten Gesprächspartner zu finden. Und wenn Sie schliesslich einen finden, sind Sie nie ganz sicher, ob der auch die Befehlsgewalt hat und ob seine Anweisungen von den Gruppen an der Front wirklich befolgt werden.

Im Norden Ugandas und im Süden des Sudan wütet seit Jahren mit unmenschlichen Methoden die Lord Resistance Army. Mit der Führung dieser Gruppe ist es ausserordentlich schwierig, überhaupt in Kontakt zu kommen. Nur sporadisch hatten unsere Delegierten mit dieser Gruppe Kontakt. Aber auch staatliche Truppen machen sich noch immer schwerer Verletzungen des humanitären Völkerrechts schuldig.

Die Präsenz des IKRK hatte immer auch eine Präventivwirkung. Wie ist das heute? Ist diese Wirkung nicht geringer geworden?
Bei Vergleichen mit der Vergangenheit bin ich immer zurückhaltend. Vorweg ein Wort zur Verantwortung: Verantwortlich für die Einhaltung der Regeln des Kriegsvölkerrechts, zum Beispiel der Regel, dass Zivilisten nicht angegriffen werden dürfen, ist der Staat, der die Genfer Konventionen ratifiziert hat, und dafür verantwortlich sind ebenfalls die nichtstaatlichen bewaffneten Gruppen.

Was können wir vorbeugend tun, damit dieses Recht nicht verletzt wird? Dieses Recht verbreiten, seine Umsetzung in die nationale Gesetzgebung fördern, Armee und Polizeikräfte in diesem Recht schulen – in der Regel bilden wir künftige Ausbildner aus deren Reihen aus –, Korrekturmassnahmen fordern, wenn das Recht verletzt wird.

Eine unterschätzte präventive Wirkung geht ohne Zweifel von der physischen Präsenz der IKRK-Delegierten in Konfliktgebieten, auch sehr abgelegenen, aus. Ich wage nicht zu denken, was in gewissen Gebieten geschehen könnte, wenn die Augen von IKRK-Delegierten die Szene nicht beobachten würden. Das heisst nicht, dass unsere Leute Verletzungen des humanitären Völkerrechts vermeiden können, aber ich bin überzeugt, dass es einen enormen Unterschied macht, ob in einem Konfliktgebiet IKRK-Delegierte im Feld sind, die beobachten, Verstösse dokumentieren, persönlich intervenieren, oder ob niemand das Geschehen verfolgt.

Es gab schon oft Situationen, wo Delegierte in Bürgerkriegen etwas bewirken konnten, wenn sie Kommandanten bewaffneter Gruppen vor Ort klar machten, dass Angriffe auf Zivilpersonen eine schwere Verletzung des humanitären Völkerrechts, ein Kriegsverbrechen, darstellen.

Aber es gibt leider immer wieder Fälle, in denen die Delegierten umsonst intervenieren.
Das ist so. Unsere Leute können auch nicht überall präsent sein.

Und es kommt ebenso oft vor, dass das IKRK dem Elend und der Not trotz grösstem Einsatz nicht Herr werden kann. Ich denke etwa an den Darfur.

Wenn Sie vom Darfur sprechen, dann sprechen Sie von drei Provinzen mit sechs Millionen Einwohnern, und es gibt nur ganz wenige Organisationen, die wie das IKRK das Risiko eingehen, in den entlegenen ländlichen Gebieten tätig zu sein. Das IKRK kann selbstverständlich nicht alle humanitären Bedürfnisse im Darfur abdecken.

Allerdings waren und sind zu viele humanitäre Organisationen an den gleichen Orten tätig, dort, wo gar nicht immer die dringendsten Bedürfnisse bestehen. Aber in den schwierigsten Gebieten ist das IKRK einer der wichtigsten, wenn nicht der wichtigste Akteur, und zwar mit einem breiten Tätigkeitsspektrum: Wasserversorgung, medizinische Versorgung, Nahrungsmittel, Güter des täglichen Gebrauchs, Lieferung von Saatgut und Geräten. Im Irak fällt vor allem auf, dass das IKRK im Unterschied zu praktisch allen andern internationalen humanitären Organisationen seine Tätigkeit mit ausländischem Personal nicht eingestellt hat, trotz den erlittenen Verlusten und den hohen Risiken.

Sie räumen ein, dass lange nicht alle bewaffneten Gruppen und Sicherheitskräfte Ihren Erläuterungen des humanitären Völkerrechtes zugänglich sind. Versuchen Sie auch genügend, Einfluss auf Behörden, Politiker und Universitäten zu nehmen?

Aber sicher, es ist eine Aufgabe des IKRK, für die Verbreitung des humanitären Völkerrechts zu sorgen und dieses auch zu unterrichten und Ausbildner auszubilden. Das tun wir in Kursen bei Armeen, bei Sicherheits- und Polizeikräften. Der Akzent liegt immer mehr bei der Schulung der Ausbildner, denn wir haben nicht die Kapazität, selber regelmässig Kurse durchzuführen.

In der chinesischen Armee zum Beispiel gibt es ein grosses Unterrichtsprogramm im humanitären Völkerrecht. Dort werden vor allem die Ausbildner durch unsere Experten instruiert. Wir unterrichten aber auch die Führer von Rebellengruppen, wenn dies möglich ist. Wir haben dies bei der kolumbianischen FARC getan, sogar bei den Taliban. An den Universitäten veranstalten wir Seminare und Rundtischgespräche. Wie weit den Regeln des humanitären Völkerrechts dann nachgelebt wird, ist sehr unterschiedlich. Aber unser

Ziel ist, dass das humanitäre Völkerrecht in die Ausbildungspläne der Armeen und bewaffneten Gruppen integriert wird, damit es regelmässig gelehrt wird und die Regeln auch in Kampfsituationen automatisch beachtet werden.

In jüngster Zeit hat sich eine engere Verbindung zwischen militärischen und humanitären Aktionen herausgebildet. Manchmal ist gar nicht mehr festzustellen, wo die eine endet und die andere beginnt, eine Entwicklung, die dem IKRK missfallen muss.

Da müssen wir etwas nuancieren. Es ist Tatsache, dass militärische Kräfte im Auslandeinsatz immer mehr auch humanitäre Aufgaben erfüllen. Im Grundsatz sind wir der Meinung, dass militärische Kräfte militärische Aufgaben und humanitäre Organisationen humanitäre Aufgaben wahrnehmen sollten. Dafür wurden die beiden geschaffen und besonders ausgebildet. Allerdings habe ich nie eine dogmatische Haltung gehabt und werde die auch nie haben. Es gibt Situationen, wo die humanitären Bedürfnisse enorm sind und von den Hilfsorganisationen nicht allein abgedeckt werden können, z. B. aus logistischen Gründen bei grossen Naturkatastrophen. In diesem Fall ist es sicher viel besser, wenn das Militär zum Einsatz kommt, als wenn man die Notleidenden sich selbst überlässt.

Aber in Situationen, wo die humanitären Organisationen in der Lage sind, die humanitären Bedürfnisse abzudecken, ist es nicht sinnvoll, wenn das Militär in Auslandeinsätzen humanitäre Aufgaben erfüllt, um diese Einsätze innenpolitisch annehmbar zu machen. Besonders unglücklich finde ich, wenn militärische Verbände in einer Konfliktsituation gleichzeitig militärische Aufgaben, Entwicklungsaufgaben, humanitäre und politische Aufgaben wahrnehmen. Dann kann die Situation eintreten, dass die betroffene Bevölkerung und die Konfliktparteien nicht mehr unterscheiden können zwischen einer unabhängigen, neutralen humanitären Organisation und einer Organisation, die auch noch politisch-militärische Ziele verfolgt. Das erhöht die Sicherheitsrisiken für neutrale humanitäre Organisationen und droht, ihren Einsatzraum einzuschränken. Die Tätigkeit von Provincial Reconstruction Teams in Teilen Afghanistans ist diesbezüglich problematisch, wenn diese gleichzeitig sicherheitspolitische, militärische, humanitäre und entwicklungspolitische Aufgaben erfüllen.

Nehmen wir an, in einem Konfliktgebiet bestehen dringende humanitäre Bedürfnisse. Vertreter eines Verbandes, der gleichzeitig militärische, sicherheitspolitische und humanitäre Ziele verfolgt, klären die Bedürfnisse in der Gegend ab. Im ähnlichen Zeitraum geschieht das Gleiche durch eine unabhängige humanitäre Organisation. Eine Woche später findet in der Gegend ein militärischer Angriff statt. Jetzt kann bei den Bewohnern natürlich der Eindruck entstehen, unter den Leuten, die zur Abklärung humanitärer Bedürfnisse hergekommen sind, seien auch solche gewesen, die wichtige militärische Informationen geliefert haben. Es kann der Verdacht entstehen, auch die humanitäre Organisation habe Informationen für den Angriff geliefert.

Verbreiten Sie diese Position auch ausreichend?

Der Standpunkt des IKRK ist den Armeeführungen und besonders der NATO, mit der wir einen regelmässigen Dialog auf verschiedenen Ebenen führen, gut bekannt. Zu diesen Kontakten gehören meine regelmässigen Treffen mit dem NATO-Generalsekretär und dem NATO-Oberbefehlshaber für Europa, der auch für die NATO-Verbände in Afghanistan zuständig ist. Das IKRK braucht einen engen Dialog mit den Armeen und kennt keine Berührungsängste. Es besteht aber auf Unabhängigkeit, Entscheidungsfreiheit und Handlungsfähigkeit.

Genügt das humanitäre Völkerrecht in der heutigen Welt noch oder gibt es Lücken, die geschlossen werden müssten? Sind neue Rechtsnormen nötig?

Es fehlt weniger an Rechtsnormen als am politischen Willen, dieses Recht umzusetzen und zu respektieren. Natürlich gäbe es wünschbare vertragsrechtliche Weiterentwicklungen. Das humanitäre Völkerrecht enthält sehr viele vertragsrechtliche Normen, die anwendbar sind auf Kriege zwischen Staaten, hingegen sind die Normen, die für innerstaatliche Konflikte, für Bürgerkriege, gelten, viel weniger umfassend und präzise. Es fehlen zum Beispiel detaillierte Regeln über Kampfmittel und Kampfmethoden. Der Ausbau dieses Teils wäre rechtlich wünschbar, ist heute politisch aber nicht realisierbar. Eine vom IKRK letztes Jahr veröffentlichte Studie über das humanitäre Völkergewohnheitsrecht kommt aber zum Ergebnis, dass viele vertragsrechtliche Vorschriften, die für Kriege zwischen Staaten gelten, heute gewohnheitsrechtlichen Charakter haben und auch für Konflikte nicht-internationalen Charakters gelten.

Wer müsste Reformen anstossen und beschliessen?
Zunächst noch einmal: Das Wichtigste wäre ein stärkerer politischer Wille, die Respektierung der bestehenden Regeln durchzusetzen. Und dann gilt es auch, sich auf ein gemeinsames Verständnis von Kernbegriffen des humanitären Völkerrechts zu einigen. Was verstehen wir z. B. unter einer ‹direkten Beteiligung an Feindseligkeiten›? Anstossen können verschiedene. Meistens ergreift das IKRK die Initiative für die Weiterentwicklung des humanitären Völkerrechts. Beschliessen müssen die Staaten, umsetzen nachher auch.

Welche Vorstösse haben Sie unternommen?
Das IKRK hat in der Vergangenheit solche Vorstösse unternommen und unternimmt sie auch in der Gegenwart. Als 1973 die Verhandlung zum 1. und 2. Zusatzprotokoll der Genfer Konventionen begann, hatte das IKRK Vorschläge zu beiden Protokollen unterbreitet. Im ersten Zusatzprotokoll wurden unsere Vorschläge grösstenteils berücksichtigt, insbesondere wurden Regeln über die Führung der Feindseligkeiten aufgenommen. Dazu gehört das Prinzip, dass zwischen Zivilisten und Kombattanten unterschieden wird, ebenso zwischen zivilen Anlagen und militärischen Zielen. Das Protokoll verlangt, dass der Einsatz von Gewaltmitteln verhältnismässig zu den verfolgten militärischen Zielen sein muss, und es verbietet Waffen und Methoden der Kampfführung, die überflüssige Wunden und unnötiges Leiden verursachen können.

Das 2. Zusatzprotokoll, das die Opfer von innerstaatlichen Konflikten besser schützen sollte, blieb deutlich hinter den Vorschlägen des IKRK zurück. Die Bestimmungen über die Grenzen bei der Wahl von Kampfmitteln und Kampfmethoden wurden ebenso fallen gelassen wie das Verbot von Vergeltungsmassnahmen. Zahlreiche detaillierte Bestimmungen zum Schutz der Zivilbevölkerung wurden ebenfalls weggelassen. Wenn das 2. Zusatzprotokoll trotzdem einen Fortschritt zum Schutz der Bürgerkriegsopfer darstellt, dann vor allem dank der detaillierten Aufzählung grundsätzlicher Garantien für alle Personen, die nicht oder nicht mehr an Feindseligkeiten teilnehmen, sowie der Rechte von Personen, deren Freiheit eingeschränkt wurde, und gerichtlicher Garantien. Eine wichtige Rolle spielten die Vorschläge des IKRK auch bei der Weiterentwicklung der Konvention von 1980 über das Verbot oder Einschränkungen beim Einsatz gewisser konventioneller Waffen.

Das IKRK hat oft auch nach einem Waffenstillstand oder Friedensabkommen noch Aufgaben im betreffenden Gebiet. Welche sind das?
Nehmen wir ein Gebiet, in dem der Krieg vorbei ist. Es wurde ein Waffenstillstandsabkommen und sogar ein Friedensabkommen abgeschlossen. Das IKRK trägt auch nach dem Ende des Krieges noch Verantwortung, wenn sich direkte Folgen des Krieges zeigen. Zum Beispiel, wenn Menschen gefangen oder verschwunden sind und die Angehörigen ohne Nachricht sind. In diesem Fall wird sich das IKRK auch nach dem Krieg dafür einsetzen, dass die Familien Informationen über ihre Angehörigen bekommen und wenn möglich auch anderweitig unterstützt werden, z. B. sozial und psychologisch. Oder wir versuchen, Familien, die auseinander gerissen wurden, wieder zu vereinen. In Liberia haben wir nach Kriegsende 1300 Kinder aus den Nachbarländern wieder zu ihren Familien zurückgeführt. Es gibt zahlreiche Bestimmungen des humanitären Völkerrechts, die auch nach Ende eines bewaffneten Konflikts anwendbar bleiben.
Die Übergangsperioden, die an einen Waffenstillstand oder ein Friedensabkommen anschliessen, sind oft sehr unsichere Zeiten, in denen Entwicklungsorganisationen aus Sicherheitsgründen noch nicht tätig sind, gleichzeitig aber wichtige Infrastrukturen wie Spitäler und Wasserversorgung wieder instand gestellt werden sollten. In dieser Phase hat das IKRK seine Tätigkeit in den letzten Jahren verstärkt und wird sie weiter verstärken.

Die Globalisierung wirkt sich auch auf Ihre Tätigkeit aus, und zwar positiv wie negativ.
Die Instrumente, mit der man die Globalisierung vorantreibt, z. B. die rasche Kommunikation, die sofortige weltweite Information, die raschen Transporte von einem Ort zum andern, kann man positiv oder negativ handhaben. Sie können dank der modernen Kommunikationsmittel sehr rasch die Stimmen von Massen von Menschen

gegen den Krieg sammeln, Vereinigungen von Kriegsopfern können sich besser Gehör verschaffen; aber Sie können die gleichen Mittel auch zur Kriegshetze benutzen. Sie können mit moderner Logistik sehr rasch grosse Mengen von Medikamenten verteilen. Sie können damit aber auch sehr viel Waffen und Munition irgendwohin transportieren.

Es kommt drauf an, in welchem Geist die Instrumente der Globalisierung eingesetzt werden. Sie können zur Förderung des Friedens und des Krieges eingesetzt werden. Die einseitig wirtschaftlich ausgerichteten Globalisierungsideologen, von denen manche vor allem sich selbst nicht vergessen, haben viel zur Diskreditierung des Begriffs beigetragen. Es wurde allzu lange kaum gesagt, dass man mit den Instrumenten der Globalisierung, wenn man ethische Grundsätze beiseite lässt, auch negative Folgen auslöst. Die Globalisierungsopfer sind zahlreich und waren zu lange ein Nebenthema. Erst in den letzten Jahren findet eine etwas ausgewogenere Betrachtung der Globalisierungsfolgen statt. Dass die wirtschaftliche Globalisierung viele Menschen aus der Armutsfalle befreit hat, muss aber auch anerkannt werden.

Sind Sie für militärische Interventionen, um das humanitäre Völkerrecht durchzusetzen?

Die Genfer Konventionen verpflichten in Art. 1 die Vertragsparteien, das humanitäre Völkerrecht nicht nur selbst zu respektieren, sie verpflichten sie auch dazu, dafür zu sorgen, dass dieses von andern respektiert wird. Das heisst: Wenn ein Staat oder eine nichtstaatliche bewaffnete Gruppe das humanitäre Völkerrecht massiv verletzt, wären die andern Staaten mindestens moralisch verpflichtet, etwas dagegen zu unternehmen.

Wir weisen bei Verletzungen des humanitären Völkerrechts immer wieder auf diese Verpflichtung der andern Staaten hin. Aber das IKRK sagt nie, auf welche Art und mit welchen Mitteln Interventionen zu geschehen haben, ob durch diplomatische Massnahmen, Wirtschaftssanktionen oder gar durch militärische Aktionen. Würde das IKRK zum Beispiel in einem Konfliktgebiet eine militärische Intervention mit humanitären Zielsetzungen empfehlen, könnte es die Akzeptanz einzelner Konfliktparteien verlieren und müsste seine Arbeit einstellen.

Die Europäische Union hat im Dezember 2005 Richtlinien verabschiedet, um die Respektierung des humanitären Völkerrechts zu fördern. Diese Richtlinien sind in einem engen Dialog mit uns entstanden.

Die persönliche Meinung von Jakob Kellenberger zu militärischen Interventionen?

Bei schwer wiegenden systematischen Verletzungen des humanitären Völkerrechts, wo andere Massnahmen zu keiner Verbesserung führen, bin ich für militärische Interventionen, immer unter der Bedingung, dass in allen Fällen die gleichen Kriterien angewendet werden und dass die Intervention ausschliesslich humanitäre Zielsetzungen verfolgt. Für politischen Opportunismus darf es keinen Platz geben.

Wer soll solche Militäraktionen durchführen? Die UNO, die NATO?

Beide kommen in Frage, auch die EU im Rahmen ihrer Gemeinsamen Aussen- und Sicherheitspolitik GASP. Der UNO-Sicherheitsrat muss grundsätzlich entscheiden. Die Durchführung der Intervention kann er anderen geeigneten Organisationen überlassen. Das Entscheidende ist, dass überall die gleichen Kriterien angewandt werden, damit nicht der Eindruck entsteht, man lege verschiedene Massstäbe für eine solche Intervention an, man sei in gewissen Fällen bereit, solche militärische Interventionen eher durchzuführen als in andern. Ein universell anerkannter Kriterienkatalog wäre mehr als hilfreich.

Es gibt eine neue Art von Krieg, den Präventivkrieg, den vorbeugenden Einsatz militärischer Mittel gegen tatsächliche oder vermeintliche Bedrohungen, wie ihn die USA, aber auch andere Staaten für sich beanspruchen, und zwar ohne UNO-Mandat. Diese Kampfform ist völkerrechtlich fragwürdig. Macht Ihnen das nicht Sorgen?

Es macht mir Sorgen, doch übe ich in diesen Fragen Zurückhaltung. Das ist eine typische Frage des Kriegsrechts (ius ad bellum), die Frage nämlich: Wann hat ein Staat das Recht, Krieg zu führen? Das Recht, Krieg zu führen, ist in der UNO-Charta geregelt. Das humanitäre Völkerrecht ist das Recht, das im Krieg (ius in bello) anwendbar ist. Auf die Beachtung dieses Rechts hat sich das IKRK zu konzentrieren

Die Sicherheitsstrategie der USA, in geringerem Masse auch die der EU, definieren als Hauptbedrohung Terrorismus und Verbreitung von atomaren, chemischen und biologischen Waffen. Die andern globalen Herausforderungen wie Hunger und Umweltzerstörung spielen eine untergeordnete Rolle. Das IKRK gewichtet die Bedrohungen bestimmt anders.

Auch ich sehe im internationalen Terrorismus und vor allem in der Verbreitung der Massenvernichtungswaffen eine Bedrohung, aber es besteht schon die Tendenz, diese tatsächlich ernst zu nehmenden Bedrohungen im Vergleich mit anderen Bedrohungen auch mit politischen Absichten hochzureden. Es gibt andere Bedrohungen, die viel mehr Opfer gefordert haben und leider auch weiter fordern werden. Denken Sie nur an die Seuchen, deren Verbreitung auch durch die Globalisierung erleichtert wird. Auch die schlimme Ernährungssituation in vielen Ländern ist eine grosse Bedrohung.

Die zunehmenden Ungleichheiten innerhalb der Länder und zwischen den Ländern schaffen ungeheure Spannungen. Auf der einen Seite half die Globalisierung vielen Menschen, der Armut zu entkommen, andererseits hat sie aber auch zu einer Verschärfung der Ungleichheiten beigetragen, ohne dass man sie dafür ausschliesslich verantwortlich machen darf. Der Krieg, vor allem der Bürgerkrieg, bleibt in vielen Teilen der Welt für Millionen von Menschen eine ungleich grössere Bedrohung als der internationale Terrorismus, von den Folgen bodenloser Armut nicht zu reden. Nach einem Referat des britischen Ministers für internationale Entwicklung sollen 2004 45 Millionen Menschen von Kriegen, über 200 Millionen von Naturkatastrophen betroffen gewesen sein. Ich bin gegenüber solchen und andern Zahlen sehr zurückhaltend.

Tatsache bleibt, dass Krieg und kriegsähnliche Situationen für Millionen von Menschen schreckliche Realität sind. Der Terrorismus und die Verbreitung von Massenvernichtungswaffen sind ernstzunehmende Bedrohungen, aber sie dürfen nicht dazu führen, dass man den Sinn für die Proportionen verliert. Man kann sich auch darüber wundern, dass die landesinternen terroristischen Akte im Rahmen bewaffneter Konflikte, die im Vergleich zum internationalen Terrorismus viel mehr Opfer fordern, weit geringere Beachtung finden.

Seit dem 11. September 2001, seit den Terroranschlägen gegen die
USA, arbeitet das IKRK in einem veränderten Umfeld. Der Terro-
rismus ist weltweit aktiv und wird sich doch wohl auch auf Ihre Ar-
beit erschwerend auswirken.

Das Umfeld hat sich seither tatsächlich teilweise geändert, eine
neue Epoche hat damit nicht begonnen. Sie sprechen vom internationalen, grenzüberschreitenden Terrorismus. Wenn der Kampf gegen
den Terrorismus die Form eines Krieges annimmt, wird das humanitäre Völkerrecht anwendbar, und das IKRK gilt als Hüterin des
humanitären Völkerrechts. Als solche hat es sich für die Respektierung dieses Rechts einzusetzen, was es auch tut. Wenn der Kampf
gegen den Terrorismus nicht die Form eines Krieges annimmt, dann
fällt er nicht in den Anwendungsbereich des humanitären Völkerrechts. Dann werden andere Rechtskreise und andere Organisationen zum Handeln aufgefordert. Bis jetzt gibt es ein einziges Beispiel,
wo der Kampf gegen den Terrorismus die Form eines zwischenstaatlichen Krieges annahm, und das ist der Angriff auf das Talibanre-
gime in Afghanistan im Oktober 2001. Dieser Angriff wurde als
Reaktion auf die Terroranschläge des 11. Septembers geführt. In Afghanistan hat der Kampf gegen den Terrorismus die Form eines zwischenstaatlichen Krieges angenommen, deshalb wurden Menschen,
die in diesem Rahmen gefangen genommen wurden, vom IKRK als
mutmassliche Kriegsgefangene angesehen, auf welche die Bestimmungen des humanitären Völkerrechts anwendbar sind. Aus diesem
Grund haben wir auch verlangt, dass wir diese Gefangenen besuchen
können – in Guantanamo und an andern Orten. Die USA gaben uns
auch sofort Zutritt zu Guantanamo, teilten aber unsere Rechtsauf-
fassung nicht. Sie akzeptierten zwar im Grundsatz die Anwendbar-
keit der Genfer Konventionen für die Talibankämpfer, nicht aber für
die mit diesen verbündeten arabischen Milizen. Das Urteil des amerikanischen Obersten Gerichtshofes in der Rechtssache Hamdan
gegen Rumsfeld bedeutet diesbezüglich eine neue Entwicklung.
Gleichzeitig weigerten sich die USA aber, auf die Talibankämpfer
wesentliche Bestimmungen des 3. Genfer Abkommens über die
Kriegsgefangenen anzuwenden. Ohne individuelle Prüfung im Sinne
des Abkommens verweigerten sie auch allen Talibankämpfern die
Rechtsstellung des Kriegsgefangenen. Nicht nur in den USA gab es
damals Kreise, welche die Auffassung vertraten, das humanitäre Völ-

kerrecht sei der Zeit des internationalen Terrorismus nicht mehr in allen Teilen angemessen. Interessanterweise machte aber niemand Vorschläge für dessen Anpassung. Überraschend wenig wurde auch über andere relevante Rechtskreise gesprochen. Was interessierte, war ein möglichst weiter politischer Handlungsspielraum.

Soll man das humanitäre Völkerrecht auf Auseinandersetzungen zwischen Staaten und transnationalen Netzwerken ausdehnen?

Ich glaube nicht, dass die Staatengemeinschaft bereit wäre, transnationalen, nichtstaatlichen Netzwerken, die mit terroristischen Methoden arbeiten, die Rechte einzuräumen, die mit einer solchen Ausweitung des humanitären Völkerrechts verbunden wären. Würde man dies tun, könnte das beispielsweise bedeuten, dass Angriffe solcher Gruppen auf staatliche militärische Anlagen rechtmässig wären. Im Übrigen stellen sich viele praktische Probleme; es dürfte z. B. schwierig sein, diese Netzwerke zu identifizieren. Ich muss betonen, dass es bereits viele Rechtsinstrumente gibt, die genau zur Bekämpfung des Terrorismus geschaffen wurden.

Kommen wir noch einmal auf Guantanamo zu sprechen. Auf Guantanamo, dem US-Marinestützpunkt auf Kuba, sind viele Rechtsfragen ungeklärt und strittig.

Die amerikanische Regierung vertritt jedenfalls die Auffassung, das amerikanische Recht sei auf Guantanamo nicht anwendbar, weil Guantanamo nicht Teil des US-Territoriums ist. Einen wichtigen Entscheid fällte der Oberste US-Gerichtshof am 29. Juni 2006 in der Rechtssache des ehemaligen Leibwächters und Chauffeurs von Osama Bin Laden, Hamdan, gegen Verteidigungsminister Donald Rumsfeld. Der Gerichtshof urteilte, dass die Militärkommissionen, die den Fall Hamdan gerichtlich beurteilen, die Bedingungen eines regulär gebildeten Gerichtshofes mit den notwendigen Rechtsgarantien nicht erfüllen. Das Gericht vertrat überdies die Meinung, die Bestimmungen des gemeinsamen Artikels 3 der Genfer Konventionen seien auf den Konflikt zwischen den USA und Al Kaida anwendbar. Die Tragweite des Urteils lässt sich aber erst ermessen, wenn die gesetzgeberischen Massnahmen als Folge des Urteils bekannt sind. Präsident Bush gab am 6. September 2006 bekannt, er habe dem Kongress zwei Gesetzesvorlagen zugeleitet, mit denen dem Urteil des

Obersten Gerichtshofes Rechnung getragen werden soll. Mit der einen Vorlage soll eine gesetzliche Grundlage für die Militärkommissionen geschaffen werden, mit der andern sollen zentrale Begriffe des gemeinsamen Artikels 3 der Genfer Konventionen für die Anwendung der amerikanische Gesetzgebung definiert werden. Es geht z. B. um die klare Festlegung, wann eine Behandlung der Gefangenen als ‹unmenschlich›, wann als ‹entwürdigend› gelten soll. Eine positive Folge des Urteils war bereits, dass das US-Verteidigungsministerium am 7. Juli bekanntgab, der gemeinsame Artikel 3 der Genfer Konventionen sei auf die Behandlung von Gefangenen des Verteidigungsministeriums anwendbar.

Die IKRK-Interventionen hatten demnach einen gewissen Erfolg.
Mit vielen unserer Begehren haben wir uns über die Zeit durchgesetzt, nicht mit allen. Gewisse rechtliche Meinungsverschiedenheiten konnten wir aber bislang nicht ausräumen. Wir haben vor allem noch immer nicht eine unmissverständliche Antwort auf die zentrale Frage: Welches Recht und in welcher Auslegung ist für welche Kategorie von Inhaftierten anwendbar?

Was hat das IKRK in Guantanamo kritisiert?
IKRK-Delegierte prüfen seit Anfang 2002 alle drei Monate während vier bis sechs Wochen Haftbedingungen und Behandlung. Wir übten harte Kritik an den Haftbedingungen und der Behandlung von Gefangenen, vor allem im Zusammenhang mit den Verhören, und forderten unnachgiebig Verbesserungen, verlangten auch, dass gewisse Praktiken eingestellt werden.

Können Sie nicht konkreter werden?
Nein, das verbietet mir das Vertraulichkeitsprinzip.

Nach amerikanischen Medienberichten hat das IKRK dem US-Militär vorgeworfen, es würde bei Gefangenen in Guantanamo psychische und manchmal auch physische Zwangsmassnahmen anwenden, die klar eine Form von Folter darstellen.
Wir kommentieren diese Medienberichte nicht. Die USA haben unsere Besuchsbedingungen, mit vorübergehenden Problemen, akzeptiert. Diese sind: Wir wollen alle an einem Ort Inhaftierten regel-

mässig besuchen und mit ihnen ohne Zeugen sprechen. Wir machen Besuche nur, wenn diese Bedingungen akzeptiert sind.

Wir prüfen die Haftbedingungen und die Behandlung der Gefangenen, und wenn es etwas zu beanstanden gibt, verlangen wir Verbesserungen.

Unsere Delegierten besuchten im Jahr 2005 2594 Haftorte in 76 Ländern mit 528 611 Inhaftierten. Das heisst natürlich nicht, dass sie bei jedem Besuch mit jedem einzelnen Gefangenen sprechen können. Aber die Verbesserungen, die sie erreichen, kommen in der Regel allen zugute, z. B. wenn die hygienischen Verhältnisse besser werden oder wenn Massnahmen gegen Tuberkulose ergriffen werden. Ich konnte mich davon letztmals beim Besuch eines grossen Gefängnisses in Aserbeidschan im April 2006 überzeugen.

In Guantanamo stellen wir fest, dass die Besuche der Delegierten und der intensive Dialog mit den amerikanischen Behörden auf verschiedenen Ebenen zu Verbesserungen führten, auch wenn uns diese noch nicht in allen Punkten genügen.

Warum sind Sie selber nie nach Guantanamo gegangen?

Auch wenn ich die Verhältnisse aus unseren Berichten und aus Gesprächen mit Vertretern der US-Regierung gut kenne, hätte ich das Lager eigentlich gerne besucht. Wir haben intern die Vor- und Nachteile sorgfältig abgewogen und kamen zum Schluss, der Besuch lasse sich ohne Publizitätsrummel nicht durchführen und dieser würde unser Anliegen nicht fördern. Der Sache dient es mehr, wenn ich bei Präsident Bush im Weissen Haus und im Pentagon vorspreche. Klar, ich habe auch schon persönlich Gefängnisse besucht, in Kabul zur Zeit der Taliban-Herrschaft, in Ruanda, in Aserbeidschan.

Eine UNO-Expertenkommission, UNO-Generalsekretär Kofi Annan und auch der britische Premier Tony Blair haben die Schliessung des Gefangenenlagers von Guantanamo verlangt. Haben Sie diese Forderung bei Ihren Gesprächen mit der US-Regierung auch vorgebracht?

Nein. Die Lösung ist nicht einfach die Schliessung von Guantanamo, das ist zu einfach und zu ungenügend. Es darf keine Orte mehr geben wie Guantanamo. Die entscheidenden Forderungen, die wir immer vorgebracht haben, sind, dass die Gefangenen einen klaren Rechtsstatus bekommen, dass ihre Rechte respektiert werden, dass die Haftbedingungen und die Behandlung korrekt sind. Es nützt wenig, Guantanamo zu schliessen und die Leute dann an einem Ort festzuhalten, wo diese Bedingungen nicht erfüllt sind und das IKRK womöglich nicht einmal Zugang hat. Lange vor den Schliessungsforderungen, die sehr spät gekommen sind, habe ich von den US-Behörden gefordert, die Gefangenen sollten beschleunigt freigelassen werden, nicht ohne Wirkung, wie mir im Rückblick scheint.

Wusste das IKRK von geheimen Gefängnissen des CIA für mutmassliche Terroristen in Osteuropa?
Ich war überrascht, dass man vom Problem geheimer Haftorte erst so spät redet. Nach Gesprächen mit der US-Regierung im Januar 2004 teilte das IKRK in einer Pressemitteilung mit, Präsident Kellenberger habe seiner Besorgnis über Gefangene an verborgenen Orten Ausdruck gegeben und verlangt, dass dem IKRK die Namen der Festgenommenen bekannt gegeben werden und IKRK-Vertreter sie besuchen können, und zwar nicht beschränkt auf eine bestimmte Region. Zu interessieren schien das damals, zwei Jahre bevor es zum grossen Thema wurde, niemanden. Interessant, nicht wahr?

Hatten Sie schon damals Verdacht oder Gewissheit über bestimmte Standorte?
Nein, aber wir wussten damals schon, dass es Gefangene gibt, zu denen wir keinen Zugang haben. Ich habe damals schon Informationen über die Standorte und Zugang zu diesen Menschen verlangt.

Von wem haben Sie Auskunft verlangt?
Von den USA.

Bei Ihrem Besuch im Mai 2006 bei US-Aussenministerin Condoleezza Rice, dem nationalen Sicherheitsberater Stephen Hadley und Verteidigungsminister Donald Rumsfeld verlangten Sie erneut Zugang zu den Menschen, die von den USA an unbekannten Orten im Verborgenen festgehalten werden. Ihre Forderung wurde wiederum abgelehnt.
Sie wurde weder abgelehnt noch akzeptiert. Die US-Behörden sagten mir, die Folgen des Zugangs würden immer noch geprüft.

Rund vier Monate nach Ihrem Besuch hat US-Präsident Bush in geheimen Gefängnissen festgehaltene Häftlinge nach Guantanamo überstellen lassen.

Diese Entwicklung kann nicht in erster Linie der Hartnäckigkeit des IKRK zugeschrieben werden, aber unsere Beharrlichkeit hat wohl auch eine Rolle gespielt.

Präsident Bush hat dem IKRK zugesichert, dass es die letzten verborgen gehaltenen Gefangenen, die nach Guantanamo überstellt worden sind, dort besuchen und befragen kann. Aussenministerin Condoleezza Rice hat mich übrigens vor dieser positiven Ankündigung telefonisch informiert.

Es gibt aber noch Länder, in denen dem IKRK der Zugang zu Inhaftierten verwehrt bleibt.

Ja, zum Beispiel die Türkei, Ägypten, Libyen. Diese Länder sind allerdings nicht verpflichtet, uns Zugang zu gewähren, weil diese Leute nicht als Folge eines zwischenstaatlichen Konfliktes festgehalten werden.

Es ist für das IKRK oft schwierig herauszufinden, ob Inhaftierte wirklich Kriegsgefangene im Sinne der Genfer Konventionen sind.

Das Problem ist, dass wir den Status dieser Menschen erst kennen können, wenn wir mit ihnen gesprochen haben. Zuerst müssten wir wissen, in welchem Zusammenhang diese Leute festgenommen wurden, dann erst würde klar, ob es sich um mutmassliche Kriegsgefangene im Sinne der Genfer Konventionen handelt und wir einen Rechtsanspruch haben, sie zu besuchen.

Damit wir überhaupt so weit kommen können, verlangen wir eben Zugang zu allen. Wir verlangen immer Zugang zu Menschen, die im Rahmen eines bewaffneten Konfliktes festgenommen wurden.

Einen Rechtsanspruch zum Besuch haben wir jedoch nur, wenn sie im Rahmen eines zwischenstaatlichen Konfliktes festgenommen wurden.

Der Kriegsgefangenenstatus gilt auch nicht für Söldner der verschiedenen Privatarmeen, die da und dort tätig sind?

Nein.

Hat das IKRK Zugang zu Geheimdienstinformationen?
Ich kann Ihnen nur sagen, wir verwerten alle Informationen, die wir bekommen können.

Wir brauchen möglichst viele Informationen, um unsere Aufgabe zu erfüllen.

Wir müssen uns ein möglichst genaues Bild machen, wie sich ein Konflikt entwickeln könnte.

Rechnen Sie damit, dass Geheimdienste IKRK-Informationskanäle abhören?
Ich glaube, damit muss man immer rechnen. Deshalb schützen wir unsere Verbindungskanäle auch möglichst wirksam.

Der weltweite Terrorismus ist heute vor allem ein islamistischer Terrorismus, und in diesem Zusammenhang wird oft von einem ‹Kampf der Kulturen› gesprochen. Ich weiss, Sie lehnen diesen Begriff ab.
Ich wünschte mir zunächst, dass alle, die die Begriffe Kultur oder Zivilisation verwenden, sich einigen könnten, was sie darunter verstehen.

Was mir sehr missfällt, ist, dass hinter dem Begriff ‹Kampf der Kulturen› der Gedanke steht, Kulturen oder Zivilisationen könnten einander bekämpfen. Das ist für mich völlig unverständlich.

Wenn ich in die Vergangenheit schaue, stelle ich fest, dass es vor allem Kriege innerhalb einzelner Zivilisationen und Kulturen gegeben hat. Und heute sind es vor allem rechthaberische, kritikresistente intolerante Kreise innerhalb verschiedener Kulturkreise, die für Konfliktpotenzial sorgen.

Es gibt eine Reihe von Konflikten, die sind eingefroren, wie etwa der Kaschmir-Konflikt, da bewegt sich seit Jahren fast nichts mehr. Wann ist in diesen Fällen der Einsatz des IKRK beendet? Das IKRK kann doch nicht unbeschränkt lange tätig sein.
Das IKRK ist so lange tätig, als es noch direkte Auswirkungen eines Konfliktes gibt.

Auch der Südkaukasus, wo ich im April 2006 mit den Regierungen in Baku, Tiflis und Erewan Gespräche führte und IKRK-Projekte besuchte, ist ein typisches Gebiet eingefrorener Konflikte, was leider gelegentliche Feuerwechsel nicht verhindert. Es gibt zwei so

genannte eingefrorene Konflikte in Georgien (Abchasien, Südosse-
tien) und es gibt den eingefrorenen Konflikt zwischen Aserbeidschan
und Armenien wegen Nagorno-Karabach, das sich zu Beginn der
neunziger Jahre von Aserbeidschan loslösen wollte und dessen Status heute noch ungelöst ist. Auf eine exakte rechtliche Beurteilung
des Konfliktes sei hier verzichtet. Was macht das IKRK dort? Es versucht, Informationen über Menschen zu beschaffen, die seit dem
Krieg vermisst werden, es besucht Kriegsgefangene, unterstützt den
Kampf gegen die Tuberkulose in den Gefängnissen Aserbeidschans
und Georgiens, führt eine Orthopädieklinik in Tiflis etc. Das IKRK
besucht auch Gefangene in Nagorno-Karabach. Man lernt im IKRK
auch viel über Geschichte, mit Anschauungsunterricht auf dem Feld
und im Gespräch mit den Widersachern.

*Das IKRK tritt immer dann in Aktion, wenn das Unheil schon
geschehen ist. Es unternimmt jedoch kaum etwas, um Konflikten
vorzubeugen. Wunden vermeiden ist doch wichtiger als Wunden
heilen.*

Konflikten vorzubeugen ist in erster Linie eine politische Aufgabe, also Aufgabe der Staaten und eigens dafür geschaffener Organisationen wie der UNO und regionaler Organisationen wie der OSZE,
die Organisation für Sicherheit und Zusammenarbeit in Europa.
Aber ein Teil unserer Arbeit kann helfen, Konflikten vorzubeugen.
Wir haben bereits darüber gesprochen, dass das IKRK die Regeln
und Prinzipien des humanitären Völkerrechts verbreitet und unterrichtet. Klar, das humanitäre Völkerrecht enthält die Regeln, die im
Krieg zu beachten sind, aber die zugrunde liegenden humanitären
Prinzipien haben durchaus eine friedenspolitische Botschaft. Wenn
Sie humanitäre Grundsätze verbreiten, verbreiten Sie eine Weltan-
schauung, die das Gegenteil einer kriegsfördernden Mentalität ist.

Leider bricht ein Grossteil der Kriege oft nach einer kurzen Frie-
densphase wieder aus. Das IKRK, das während des Krieges zu allen
Parteien die Verbindung aufrecht erhielt, von politischen Stellung-
nahmen Abstand nahm, unparteilich half, hat dadurch ein einma-
liges Kontaktnetz aufbauen können und geniesst Vertrauen. Seine
Präsenz kann daher vor allem in der Übergangsphase nach einem
Krieg präventiv gegen einen Wiederausbruch des Krieges wirken.
Eine Organisation, die dafür sorgt, dass die Gefangenen anständig

behandelt werden, dass ernsthaft nach Vermissten gesucht wird, dass die Familienangehörigen miteinander Kontakt haben, leistet auf jeden Fall einen Beitrag zur Versöhnung und damit zum Frieden.

In Übergangsphasen, die an ein Waffenstillstands- oder Friedensabkommen anschliessen, führt das IKRK oft Tätigkeiten durch, die nahe bei Aufgaben der Entwicklungshilfe liegen. Wieso das? Wo ziehen Sie die Grenze?

Ein Merkmal von Übergangsphasen ist die Unsicherheit, ob es erneut zu einem Krieg kommt oder ob der Friede gesichert werden kann. In dieser Phase ist der Staat meist noch nicht in der Lage, die nötigsten Einrichtungen aufzubauen, z. B. eine minimale Gesundheitsversorgung oder die Wasserversorgung sicherzustellen. Die Entwicklungsorganisationen, die hier einspringen könnten, meiden das Gebiet, weil es ihnen noch zu unsicher ist. Also kommt für diese dringenden Arbeiten oft nur das IKRK in Frage, das schon in der Region tätig ist und auch die notwendigen Kapazitäten hat. So war das IKRK z. B. während der Kriege und unmittelbar danach in Afghanistan über das ganze Land in der Trinkwasserversorgung tätig. Als dann die Lage sicherer wurde und Entwicklungsorganisationen ins Land kamen, schränkten wir diese Tätigkeit ein und leisteten die Aufgabe nur noch an Orten, wo keine Entwicklungsorganisationen tätig sind.

Die Interventionen des IKRK bringen in den wenigsten Fällen eine längerfristige oder gar dauerhafte Lösung. Das muss Sie doch betrüben.

Natürlich beschäftigt es mich, wenn sich ein Konflikt endlos dahinzieht oder nach fünf Jahren Waffenstillstand wieder ausbricht, aber Konfliktprävention und Friedenssicherung sind politische Aufgaben und nicht Aufgaben des IKRK.

Jede Organisation sollte ihre Verantwortung so gut als möglich wahrnehmen.

Gelegentlich fällt der Vorwurf, die Tätigkeit humanitärer Organisationen trage zur Kriegsverlängerung bei, etwa im Sudan oder in Norduganda oder in Somalia. Wie kommentieren Sie diese Behauptung?

Die Vertreter dieser These argumentieren folgendermassen: Wenn humanitäre Organisationen der Bevölkerung grosse Hilfslieferungen zukommen lassen, müssen die kriegführenden Parteien ihre Mittel nicht für die eigene Bevölkerung ausgeben, sondern können sie für militärische Mittel einsetzen und eventuell erst noch einen Teil in die eigene Tasche abzweigen.

Diese These geht von der falschen Voraussetzung aus, dass sich die kriegführenden Parteien im Normalfall für die eigene Bevölkerung wirklich verantwortlich fühlen und sich um sie kümmern. Und das ist eben leider in den meisten Bürgerkriegen nicht der Fall. Wenn die humanitären Organisationen nicht helfen, dann bleiben diese Menschen ohne jede Hilfe. Die humanitären Organisationen können und müssen aber Massnahmen treffen, um zu verhindern, dass ihre Hilfe durch die Konfliktparteien missbraucht wird. Eine solche Massnahme ist zum Beispiel die direkte Verteilung der Hilfsgüter an die Opfer, wie sie das IKRK praktiziert.

Wie gehen Sie mit dem Einwand um, das IKRK vertrete westliche Werte und stehe schon aufgrund seines historischen Hintergrundes fast ausschliesslich für westliche Werte ein?

Die Grundregeln des humanitären Völkerrechts galten und gelten in den verschiedensten Kulturen. Der Sockel des humanitären Völkerrechts ist absolut nicht westlich geprägt. Das humanitäre Völkerrecht wurde im Gegensatz zu den Menschenrechten auch nie als ein Recht des Westens bezeichnet. Im Islam, in Indien und China und andern Kulturkreisen und Gegenden gelten von altersher ganz ähnliche Prinzipien. Das IKRK entfaltet übrigens rund die Hälfte seiner Tätigkeit in der islamischen Welt.

Die anspruchsvolle Arbeit der Delegierten

Die Delegierten und Spezialisten des IKRK sind immer gewissen Gefahren ausgesetzt, denn das Schutzzeichen, das rote Kreuz im weissen Feld oder der rote Halbmond, genügt nicht mehr zum Schutz.

Das Emblem hat eine Schutzfunktion, aber das IKRK hat seine Sicherheit nie allein auf das Emblem gebaut. Die wichtigste Sicherheitsvorkehrung ist, dass sich das IKRK vergewissert, dass seine Präsenz und Tätigkeit in einem Kriegsgebiet von allen Konfliktparteien akzeptiert wird, bevor es zu arbeiten beginnt.

Auch während des Konfliktes pflegen wir den regelmässigen Dialog mit allen Konfliktparteien – im Darfur zum Beispiel mit der Regierungsarmee, den arabischen Milizen, der sudanesischen Befreiungsarmee (SLA) des Zaghawa-Stammes und der SLA der Fur wie auch mit Splittergruppen.

Kommt es oft vor, dass das Schutzzeichen missbraucht wird?
Es kommt vor, aber glücklicherweise nicht häufig.

Wo lauern die grössten Gefahren für die Delegierten?
Die grösste Gefahr lauert, wenn die Präsenz des IKRK in einem Gebiet nicht von allen Konfliktparteien akzeptiert wird. Das war der Grund, warum im Irak mehrere Mitarbeiter ihr Leben verloren haben. Sehr grosse Gefahr besteht auch in Gebieten, wo Rechtlosigkeit herrscht und sich Konflikt und kriminelle Aktivitäten vermischen.

Wer entscheidet, wann eine Delegation abgezogen wird, weil die Gefahr für die Helfer zu gross wird?
An sich ist der Delegationschef im betreffenden Land für alle Sicherheitsmassnahmen verantwortlich. Er ist auch befugt, die Tätigkeit vorübergehend einzustellen, wenn die Sicherheit nicht mehr gewährleistet ist. Zwei Entscheide kann er nicht treffen: den Entscheid über den Abzug einer Delegation und über einen polizeilichen oder militärischen Schutz. Diese Entscheide werden in Genf getroffen.

Wie verhält es sich mit dem polizeilichen oder militärischen Schutz?
Grundsätzlich verzichtet das IKRK auf solchen Schutz. In absoluten Ausnahmefällen nimmt es ihn in Anspruch, aber nicht etwa, um sich vor Konfliktparteien zu schützen, sondern vor kriminellen Handlungen wie etwa Geiselnahmen. Die beiden Ausnahmen sind heute Somalia und Tschetschenien.

Wer garantiert diesen Schutz?
Es kann eine staatliche oder eine private Organisation sein.

Tragen die Delegierten zum Selbstschutz Waffen?
Nein.

Warum nicht?
Das würde sie nicht schützen, und es ist auch nicht unsere Vorstellung, dass sich Mitglieder einer humanitären Organisation mit Waffen ausrüsten.

Haben Delegierte einen Diplomatenpass?
Die schweizerischen Kaderpersonen haben einen schweizerischen Diplomatenpass.

IKRK-Delegierte haben schwierige Aufgaben zu bewältigen. Welche Eigenschaften müssen diese Männer und Frauen mitbringen?
Frauen und Männer müssen in der Regel zwischen 25 und 35 sein, ein abgeschlossenes Hochschulstudium oder eine vergleichbare Ausbildung nachweisen können und Englisch und Französisch gut sprechen, damit sie als Delegierte aufgenommen werden. Ein Delegierter ist in der Regel ein Generalist, der in seiner Laufbahn verschiedene Funktionen wahrnimmt und für Kaderfunktionen vorgesehen ist. Wir brauchen aber auch Spezialisten aus verschiedenen Berufsgattungen. Von ihnen wird eine mindestens dreijährige Berufserfahrung verlangt. Die Einstellungskriterien sind hinsichtlich Alter, Zivilstand und Sprachkenntnisse flexibler als für Delegierte. Gegenwärtig arbeiten Mitarbeiter aus rund 80 Berufen bei uns, vom Automechaniker bis zum Chirurgen, vom Wasseringenieur bis zum Buchhalter. Auch ein Spezialist kann in eine Kaderposition aufsteigen.

Wer im IKRK arbeiten will, muss eine humanitäre Motivation haben, muss belastbar sein und unter Druck selbständig arbeiten können, selbstverständlich muss er auch flexibel sein und sich rasch in neuen Situationen zurechtfinden können. Ein Delegierter sollte auch neugierig sein, ein grosses Interesse für den andern und das andere haben, am völlig Neuen interessiert sein. In gewissen Einsatzgebieten ist auch eine rechte Portion Mut gefordert. Die Delegierten müssen sich bewusst sein, dass sie unter schwierigen Verhältnissen leben und arbeiten müssen und auch ihr Leben in Gefahr kommen kann. Wichtig ist die Professionalität, man muss sein Metier restlos beherrschen, ob man als Jurist, Anästhesist, Logistiker,

Mechaniker oder in einem andern Beruf tätig ist. Das ist unter erschwerten Bedingungen besonders wichtig.

Das IKRK stellt in den Einsatzländern auch Einheimische verschiedenster Berufsgattungen an. Sie spielen eine zentrale Rolle, gerade auch weil sie das Land und seine Geschichte kennen, leisten sie einen unersetzlichen Beitrag. Sie stellen heute die Mehrheit des IKRK-Personalbestandes. Sie schliessen ihre Arbeitsverträge mit der jeweiligen Delegation ab, im Unterschied zu den Expatriés – Leute, die ausserhalb ihres Herkunftslandes zum Einsatz kommen –, die ihre Arbeitsverträge mit dem Hauptsitz in Genf abschliessen. Auch Mitarbeiter des einheimischen Roten Kreuzes oder Roten Halbmondes arbeiten eng mit den IKRK-Delegierten zusammen.

Wie verläuft das Auswahlverfahren für Delegierte? Wer entscheidet über eine Anstellung?

Die rund 7000 Anwärter, die sich gegenwärtig pro Jahr bei uns melden, müssen einmal schriftlich ihre Motivation darlegen, dann führen Vertreter der Rekrutierungssektion mit 800–1000 von ihnen ein Vorgespräch.

Wer hier überzeugt, wird zu einem eintägigen Beurteilungsverfahren (assessment) eingeladen, an dem mehrere IKRK-Vertreter teilnehmen. Zu diesem Eignungsverfahren gehören die Simulation einer Verhandlung und die Prüfung der Kommunikationsfähigkeit (zuhören, sich genau ausdrücken). Haben die Kandidaten im assessment gut abgeschnitten, werden sie in einen Integrationskurs aufgenommen. Er besteht aus einem zweiwöchigen Grundkurs für alle Personalkategorien (Delegierte, Spezialisten, Verwaltung) und anschliessenden Zusatzwochen für die einzelnen Tätigkeitsfelder. Zum Grundkurs gehören auch Vorträge und Diskussionen zu Themen wie Identität des IKRK, Aktionsarten humanitärer Akteure, das humanitäre Völkerrecht und Schutz- und Hilfstätigkeiten etc. Eine Schlussprüfung gibt es nicht, aber während der ersten Woche des Grundkurses wird das Verhalten der Kandidaten sehr aufmerksam beobachtet. Im Integrationskurs wird auch die Tätigkeit einer Delegation im Felde mit Unterdelegationen simuliert. Geübt werden das Verhalten in einem gefährlichen Umfeld, in einem kulturell völlig fremden Umfeld, der Umgang mit Medien, die Beherrschung von Personal- und Verwaltungsfragen etc.

Am Ende des Grundkurses lerne ich in der Regel alle neuen Delegierten und Spezialisten an einem Empfang persönlich kennen. Über die Hälfte sind seit einiger Zeit Frauen, über die Hälfte stammen aus andern Ländern als der Schweiz. Jährlich nimmt das IKRK zwischen 200 und 300 neue Expatriés auf.

Das IKRK kennt also keinen Personalmangel.
Überhaupt nicht. Die Leute melden sich bei uns nach Vorträgen von IKRK-Mitarbeitern, aufgrund unserer Homepage oder aufgrund der Mund-zu-Mund-Propaganda. Bei einzelnen Funktionen kann es gelegentlich allerdings Personalknappheit geben, z. B. bei Juristen, welche im Feld die Rechtslage beurteilen und Gefängnisbesuche machen. Für diese Aufgabe braucht es sehr viel Erfahrung. Diese Leute müssen auch in der Lage sein, sehr schnell fundierte Berichte zu verfassen und an Ort und Stelle Interventionen durchzuführen.

Eher knapp sind auch Leute, die Unterdelegationen führen können, d. h. Positionen im mittleren Kader. Es kann auch plötzlich zu einem Engpass an Dolmetschern in einer wenig verbreiteten Sprache kommen.

Welche Rolle spielt der Zivilstand?
Er spielt insofern eine Rolle, als es nicht möglich ist, an alle Orte die Familie mitzunehmen, aus Sicherheitsgründen. Die Anzahl verheirateter Mitarbeiter mit kleinen Kindern nimmt prozentual zu, gleichzeitig nehmen auch die Einsatzorte zu, wo es unmöglich oder schwierig ist, die Familie mitzunehmen. Eine der grossen personalpolitischen Herausforderungen ist es, beim Personaleinsatz flexibel zu bleiben, dabei die veränderte Personalstruktur bestmöglich zu berücksichtigen und zugleich die Erwartungen an das Privatleben zu erfüllen.

Wie verhindern Sie, dass Abenteurer oder solche, die vor einer inneren Unruhe, vor den eigenen Problemen davonlaufen, IKRK-Delegierte werden?
Eine gewisse Neugierde für das Ungewohnte und ein gewisser Abenteuergeist sind eine gute Voraussetzung für die Tätigkeit, wenn die humanitäre Motivation stimmt. Aber selbstverständlich wollen wir keine reinen Abenteurer und Haudegen. Für solche sind die Ein-

trittsvoraussetzungen übrigens auch zu hoch, die fallen im Auswahlverfahren durch.

Welche Positionen stehen Delegierten offen?
Im Prinzip alle, wobei für die jeweiligen Funktionen klare Voraussetzungen erfüllt sein müssen. Erfahrene Delegierte nehmen auch leitende Stellungen am Hauptsitz in Genf ein. Der Generaldirektor, die fünf Direktoren und die Direktorin arbeiteten alle während Jahren als Delegierte im Feld.

Welche Nationalitäten stellen den grössten Anteil?
Ich beschränke mich auf die Expatriés und das Personal in Genf, erfasse also nicht die rund 10 000 in den einzelnen Einsatzländern rekrutierten Mitarbeiter und Mitarbeiterinnen. Im IKRK arbeiten Delegierte aus 105 Ländern. Nimmt man die Delegierten im Feld und das Personal am Hauptsitz zusammen (2580), stellt die Schweiz noch immer eindeutig das grösste Kontingent (1223). 50 und mehr Mitarbeiter stellen in der angegebenen Reihenfolge Frankreich, Grossbritannien, Deutschland, Italien, Belgien, Kanada und Australien.

Die Internationalisierung begann bereits vor meiner Zeit, hat sich aber in den letzten Jahren weiter verstärkt. Es liegt auf der Hand, dass die Auswahl an qualifiziertem Personal grösser wird, wenn man international rekrutiert. Und wir brauchen das bestmöglich qualifizierte Personal. Die Internationalisierung des Personals begünstigt auch die Verwurzelung in verschiedenen Kulturkreisen. Unsere Internationalisierung war bisher einseitig westlich. Das IKRK kommt aus der westlichen Welt, ist aber zu fünfzig Prozent in der islamischen Welt tätig. Unter diesen Umständen ist es wichtig, dass wir mit der islamischen Kultur und Religion (man kann die Religion auch als Bestandteil einer Kultur begreifen) vertraut sind und auch vermehrt islamische Mitarbeiterinnen und Mitarbeiter haben. Die Internationalisierung hilft uns generell, uns in verschiedenen Kulturen besser zu verwurzeln. Jetzt sind wir daran, mehr Leute aus der islamischen Welt, auch aus Afrika, einzustellen.

Gelingt das? Und wird es von den andern Kulturen auch zur Kenntnis genommen?

Es gelingt uns tatsächlich. Wie weit in andern Kulturen davon Kenntnis genommen wird, vermag ich nicht zu beurteilen. So viele an der Zahl ausserhalb der westlichen Welt sind es noch nicht. Aber Länder aus andern Kulturkreisen erwarten, dass wir eine grössere Zahl ihrer Landsleute beschäftigen. Mir ist zum Beispiel in China aufgefallen, dass die Behörden erwarten, dass wir Chinesen einstellen. Ich stelle auch fest, dass IKRK-Mitarbeiter, die aus einem ganz andern kulturellen Umfeld kommen, oft ganz besonders engagiert sind. Ich will auch noch daran erinnern, dass Tausende der vom IKRK in den Einsatzländern angestellten Mitarbeiterinnen und Mitarbeiter aus andern Kulturen stammen. Im Sommer 2006 beschäftigten wir beispielsweise fast 2000 Sudanesen und mehr als 1000 Afghanen.

Wie lange bleiben die Delegierten im Dienste des IKRK?

Die durchschnittliche Dienstdauer steigt: Sie beträgt heute rund sechs Jahre, 1995 waren es noch 4,8 Jahre. Es gibt aber Leute, die sind schon über 20 Jahre beim IKRK. Ein Delegierter, der in eine Kriegsregion geht, bleibt ungefähr ein Jahr im Einsatz, bevor er wechselt.

Der Chef einer Regionaldelegation hingegen, die mehrere Länder abdeckt, in denen kein Krieg stattfindet, kann durchaus zwei bis vier Jahre dort bleiben.

Wie viel verdient ein Delegierter?

Ein Delegierter verdient bei seiner ersten Mission im Monat 5000 Franken, eine Krankenschwester im Durchschnitt 6000 Franken und ein Chirurg 11 000 Franken.

Sie haben deutlich gemacht, dass die Delegierten auch mit Verletzungen und gar mit dem Verlust des Lebens rechnen müssen. Wie gehen Sie mit solchen Todesmeldungen um?

Todesfälle in unseren Reihen sind für uns alle eine schlimme Sache. Wir sind zwar eine grosse dezentrale Organisation, aber es herrscht trotzdem ein starker Familiengeist. Wenn eine Todesnachricht eintrifft, rufe ich sofort alle Mitarbeiterinnen und Mitarbeiter zusammen und überbringe die traurige Botschaft. Das sind schwere Augenblicke.

Im Jahre 2003 haben wir erstmals alle Familienangehörigen, die seit 2000 ein Mitglied im Dienste des IKRK verloren, nach Genf zu einer Gedenkfeier eingeladen. Das IKRK ist eine Organisation, welche die Mitarbeiterinnen und Mitarbeiter nicht vergisst, die in ihrem Dienste das Leben verloren haben. An den Jahrestagen, an denen Mitarbeiter umgekommen sind, pflegen die Mitarbeiterinnen und Mitarbeiter im Jardin du Souvenir Kerzen anzuzünden und ihrer still zu gedenken.

Auch beim IKRK wird es ab und zu Meinungsverschiedenheiten zwischen den Frontleuten und der Zentrale in Genf geben.

Das kommt vor und das ist auch verständlich, denn wer im Felde arbeitet, beurteilt vieles anders als die Zentrale, auch wenn dort felderprobte Delegierte arbeiten. Solche Meinungsverschiedenheiten werden mit der zuständigen Zone in Genf ausdiskutiert. Wird man sich nicht einig, trägt man das Problem auf die nächsthöhere Hierarchiestufe.

Delegierte erleben viel, sehen mit eigenen Augen Elend, Not, Tod, Verwüstung. Erzählen sie Ihnen bei Ihren Besuchen im Felde von den persönlichen Problemen?

Nein, über die ganz persönlichen Probleme sprechen sie kaum, aber berufliche Erlebnisse schildern sie mir ausführlich. Ich frage sie natürlich auch nach ihren Erfahrungen, frage, wie sie die Lage beurteilen und wie sie sich fühlen – das ist ein Hauptgrund, warum ich ins Feld reise.

Viele Erlebnisse sind eine riesige psychische Belastung. Da holt sich doch mancher einen psychischen Schaden.

Ja, es gibt Ereignisse und Erfahrungen, welche die Mitarbeiterinnen und Mitarbeiter schwer belasten. Wenn die Leute eine Mission beendet haben, gibt es in Genf eine Nachbesprechung, und Teil davon ist auch eine Besprechung bei einer ‹Stresszelle›, die von einer Ärztin mit psychiatrischer Ausbildung geleitet wird. Dort werden die Leute betreut, sie können ihre Erfahrungen und Nöte schildern, ihre Probleme darlegen. Wenn im Felde etwas Schreckliches passiert ist, wenn etwa Kollegen ermordet wurden, dann reist diese Ärztin an den betreffenden Ort und betreut die Mitarbeiter dort.

Gehen Mitarbeiterinnen und Mitarbeiter, die psychisch schwer gelit-
ten haben, nach der psychologischen Betreuung wieder in den Ein-
satz?

In der Regel gehen die Mitarbeiterinnen und Mitarbeiter schnell
wieder in den Einsatz, von Einzelfällen abgesehen. Es sind sehr enga-
gierte Menschen.

Sind Mitarbeiter nach schlimmen Ereignissen auch schon ganz aus-
gestiegen?

Das hat es auch schon gegeben.

Es ist sicher schon vorgekommen, dass Delegierte, kurz nachdem
sie ihre Arbeit aufgenommen hatten, den Dienst gleich wieder quit-
tierten, weil sie den harten Anforderungen nicht gewachsen waren.

Auch das gibt es, aber es sind Ausnahmen.

Gab es auch schon Suizide aus seelischer Verzweiflung, weil die Leu-
te nicht mehr zurecht kamen mit ihren Nöten?

Es kam schon vor, doch ist es bei Suiziden sehr schwer, eine einzige Ursache zu benennen. Wenn Menschen sich selber umbringen,
sind immer verschiedene Ursachen mitbestimmend.

Konkurrenz mit andern Hilfsorganisationen

Bei den Hilfsoperationen stehen Sie in vielen Teilen der Welt in Kon-
kurrenz mit andern nicht profitorientierten Hilfsorganisationen. Es
kommt zu Doppelspurigkeiten, und es wird Ihnen vorgeworfen, die
Koordination sei ungenügend.

Es gibt tatsächlich Gebiete, wo sehr viele Organisationen im Einsatz sind, es gibt aber auch Regionen, das sind die gefährlicheren,
wo das IKRK allein oder mit wenigen anderen arbeitet. Dazu gehören gegenwärtig die ländlichen Gebiete des Darfur und weite Teile Zentral- und Südsomalias. Meistens sind in jenen Gebieten sehr
viele Organisationen aktiv, wo die Medienpräsenz gross ist, nicht
allzu viele Gefahren lauern und sich keine grossen logistischen
Probleme stellen. Die ‹Landschaft› der humanitären Organisationen
glänzt nicht durch Transparenz, doch macht die Unterscheidung

zwischen grossen internationalen Nichtregierungsorganisationen wie World Vision, Care International, Save The Children, Médecins sans frontières usw., den humanitären UNO-Organisationen und dem Rotkreuz-Rothalbmondsystem mit dem IKRK als zentralem Bestandteil Sinn. Bei einer solch grossen Zahl von Hilfsorganisationen wäre in der Tat vieles besser zu koordinieren. Man sollte Doppelspurigkeiten vermeiden und unbedingt verhindern, dass zehn oder zwanzig Organisationen am selben Ort das Gleiche machen, wenn der Einsatz von wenigen genügen würde, während andere, dringendere Aufgaben von niemandem angegangen werden und in gewissen Gebieten überhaupt niemand präsent ist. Im bekannten Vertriebenenlager Abu Shock in der Nähe des Flugplatzes von Al Fasher im Darfur, einem vergleichsweise sicheren, gut versorgten Ort, arbeiteten im Sommer/Herbst 2004 zeitweise 20–30 humanitäre Organisationen, in abgelegenen ländlichen Gebieten mit grösseren humanitären Bedürfnissen jedoch fast keine.

Was können Sie dazu beitragen, dass die Koordination verbessert wird?

Indem wir an Koordinationsbemühungen den Anspruch stellen, dass sie wirklichkeitsbezogen sind, und im Feld dazu beitragen, dass Doppelspurigkeiten und Lücken bei der humanitären Arbeit vermieden werden. Wird Koordination so verstanden, sind wir dabei und beweisen das auch auf dem Feld.

Das Hauptproblem ist, dass man oft von Koordination spricht, eigentlich aber nur Absichtserklärungen austauscht. Das sind reine Positionierungsübungen. Dabei müssten doch alle offen darlegen, was sie überhaupt leisten können, welche Mittel sie zur Verfügung haben, wie viel Personal, mit welchen beruflichen Qualifikationen, welche Kenntnisse, welche Zugangsmöglichkeiten. Bevor man Hilfe koordinieren kann, muss man doch wissen, welche humanitären Hilfsleistungen die einzelnen Organisationen tatsächlich erbringen können.

Sind Sie schon bei den andern vorstellig geworden, um eine bessere Aufteilung der Hilfe zu erreichen?

Ja. Wir vertreten unsere Vorstellungen von Koordination mit Nachdruck im Gespräch mit den UNO-Agenturen, innerhalb des

Rotkreuz- und Rothalbmondsystems und gegenüber den Nichtregierungsorganisationen. Die Koordinationsdiskussion der letzten Zeit hat sich vor allem auf das UNO-System konzentriert, als Folge der grossen Koordinationsprobleme der UNO-Agenturen im Darfur im Jahre 2004. Diese Diskussion, an der wir uns auch beteiligen, reicht aber über das UNO-System hinaus. Als ich nach meiner Rückkehr aus dem Darfur Ende November 2004 in Khartum die Vertreter humanitärer Organisationen, vorwiegend UNO-Organisationen, traf, sagte ich, etwas ungehalten über Gehörtes und Gesehenes, Koordination bedeute für mich in erster Linie, den Einsatz tatsächlich vorhandener personeller und logistischer Mittel aufeinander abzustimmen, nicht Absichten und Ambitionen zu verkünden. Die Koordination ist ein ernstes und ein dringendes Geschäft.

Spannungen gab es auch innerhalb der grossen Rotkreuzfamilie. Es ist bekannt, dass die Beziehungen zwischen dem IKRK und der Internationalen Föderation der Rotkreuz- und Rothalbmond-Gesellschaften eine Zeit lang getrübt waren.

Ich erlebte diese Trübungen, die lange Jahre zurückliegen, nicht mehr. Die Beziehungen haben sich entscheidend verbessert. Die Rollenverteilung innerhalb der Rotkreuz-/Rothalbmond-Bewegung ist klar: Die nationalen Gesellschaften arbeiten in erster Linie im eigenen Land, manche von ihnen sind aber auch vermehrt im Ausland tätig. Die Internationale Föderation führt (im Unterschied zum IKRK) in der Regel keine eigenen operationellen Tätigkeiten durch, unterstützt jedoch die nationalen Gesellschaften in ihrer Entwicklung und koordiniert ihre internationalen Aktionen bei Naturkatastrophen. Das IKRK, das bekanntlich mit eigenen Mitteln Hilfs- und Schutztätigkeiten durchführt, übernimmt diese Koordinationsaufgabe im Rahmen bewaffneter Konflikte.

Ein jahrzehntelanger Konflikt schwelte wegen eines dritten Emblems, weil die israelische Hilfsorganisation Roter Davidstern nicht in die Internationale Rotkreuz-Föderation aufgenommen wurde. Die Israeli wollten keines der gültigen Embleme, weder Kreuz noch Halbmond, übernehmen, und die arabischen Länder lehnten den Roten Davidstern ab. Im Dezember 2005 hat eine Konferenz der Signatarstaaten der Genfer Konventionen den Streit beigelegt: Die Lösung ist ein drittes offizielles Rotkreuz-Emblem, der Rote Kristall. Warum das lange Seilziehen?

Wenn man genau sein will, muss man festhalten: Es gab seit 1929 drei Schutzzeichen und nicht nur zwei, nur wird eines nicht mehr benutzt, nämlich die Rote Sonne und der Rote Löwe des Iran. Die Iraner benutzen seit 1981 den Roten Halbmond. Anfangs der fünfziger Jahre wollte Israel, dass der Davidstern als zusätzliches Schutzemblem anerkannt wird, was an einer diplomatischen Konferenz ganz knapp abgelehnt wurde. Dann geschah lange nichts mehr. Im Laufe der neunziger Jahre und zu Beginn des Jahres 2000 setzte sich die Überzeugung durch, dass man ein zusätzliches Emblem einführen sollte, das keine religiösen, nationalen und anderen Begriffsinhalte enthält und von allen benutzt werden kann, die keines der bestehenden Schutzzeichen übernehmen wollen. Damit sollte auch vermieden werden, dass weitere Embleme geschaffen werden. Die diplomatische Konferenz hat am 8. Dezember 2005 die Einführung dieses zusätzlichen Zeichens in Form eines dritten Zusatzprotokolls zu den Genfer Abkommen beschlossen. An der Internationalen Rotkreuz- und Rothalbmondkonferenz vom 20.–22. Juni 2006 wurde diesem Schutzzeichen der Name ‹Roter Kristall› gegeben. Gleichzeitig wurden an der Konferenz die Voraussetzungen geschaffen, dass ich am frühen Morgen des 22. Juni im Namen des IKRK die israelische Hilfsgesellschaft Magen David Adom und den palästinensischen Roten Halbmond formell anerkennen konnte.

Es war kein einstimmiger Entscheid, einige arabische Länder, aber auch Nordkorea und Kuba stimmten dagegen. Warum?

Für die 27 Staaten, die Nein stimmten, gab es unterschiedliche Ablehnungsgründe. Verschiedene Staaten waren der Ansicht, es müssten zwischen Israel und den Palästinensern und zwischen Israel und Syrien zuerst gewisse Probleme nicht bloss humanitärer Natur gelöst werden, bevor man zu einem neuen Emblem Ja sagen solle. Die Mehrheit aber fand, es gehe um eine ausschliesslich humanitäre Frage, es müsse nach fünfzig Jahren doch endlich eine Lösung gefunden werden, damit eine humanitäre Hilfsgesellschaft wie die israelische endlich Vollmitglied der Rotkreuz- und Rothalbmond-Bewegung werden kann. Viele haben gar nicht mehr so richtig daran geglaubt, dass dieser Streit noch beigelegt werden kann. Für mich war es ein sehr positiver Tag, als am 8. Dezember 2005 das dritte Zusatzprotokoll mit dem zusätzlichen Emblem von der diplomatischen Konferenz genehmigt wurde. Ich habe mich seit Amtsantritt mit grosser Entschlossenheit dafür eingesetzt, dass endlich eine Lösung dieses Problems gefunden wird.

Voller Einsatz für das humanitäre Völkerrecht

Viele Delegierte verhandeln im kleinen Rahmen mit lokalen Funktionären und lokalen militärischen Kommandanten. Wie treten sie diesen Leuten gegenüber auf? Als artige Bittsteller oder als selbstbewusste Schirmherren des humanitären Völkerrechts?

Sie treten selbstbewusst auf, sie sind sich der Bedeutung ihres Auftrages bewusst. Sie setzen sich im Feld dafür ein, dass das Kriegsvölkerrecht eingehalten wird, dass die Gefangenen anständig behandelt werden, dass getrennte Familienmitglieder miteinander kommunizieren können und zusammengeführt werden. Die Delegierten sind in abgelegenen Gegenden in direktem Kontakt mit den Kampfparteien, mit dem Leiter eines Gefängnisses, sie verhandeln aber auch mit Provinzbehörden oder mit Behörden der Zentralmacht.

Die häufigste Verletzung des humanitären Völkerrechts sind eindeutig Angriffe auf die Zivilbevölkerung. Gegnerische Truppen und die Zivilbevölkerung werden häufig in gleicher Weise angegriffen, es wird überhaupt kein Unterschied gemacht. Wenn die Delegierten solche Situationen beobachten, intervenieren sie, werden bei den Kampfparteien vorstellig und ermahnen diese, die Regeln des humanitären Völkerrechts einzuhalten. Bei Gefängnisbesuchen führen die Delegierten mit den Gefangenen Gespräche ohne Zeugen, hören deren Klagen an, begutachten die Haftbedingungen, kontrollieren, wie die Insassen behandelt werden. Stellen sie Verstösse fest, verlangen sie sofort Verbesserungen oder fordern, dass gewisse Praktiken abgestellt werden.

Ein bekannter Fall war das Gefängnis von Abu Graib im Irak.

Ja, dieses Gefängnis hat traurige Berühmtheit erlangt. IKRK-Delegierte haben dieses Gefängnis seit Sommer 2003 regelmässig besucht und dabei schwere Verstösse gegen das humanitäre Völkerrecht festgestellt und diese auch auf der Stelle beanstandet. Beim nächsten Besuch wurde kontrolliert, ob Verbesserungen vorgenommen wurden. Das Gleiche geschieht bei allen Gefängnisbesuchen. Immer werden im direkten Gespräch mit den Zuständigen Beanstandungen vorgebracht und es wird Abhilfe gefordert. Die Verstösse werden auch schriftlich festgehalten, die Berichte an die verantwortlichen Behörden weitergeleitet.

Haben Sie weitere Beispiele von Forderungen der Delegierten?
Wenn in einem Konfliktgebiet Zivilisten oder zivile Anlagen angegriffen werden oder ein unverhältnismässiger Einsatz von Gewalt stattfindet, dann halten die Delegierten dies in Berichten fest und verlangen Abhilfe. Über diese Berichte führen wir dann Gespräche, oft auf höchster Ebene.

Werden die Delegierten auf diese Verhandlungen vorbereitet?
Ja, sicher. Verhandeln und Gesprächsführung sind wichtige Lektionen im Aufnahmekurs (Cours d'intégration). Aber Verhandlung ist vielleicht nicht das beste Wort. Es geht meist gar nicht um Verhandlungen. Die Delegierten fordern ganz einfach, dass die Bestimmungen des humanitären Völkerrechts eingehalten werden, nicht mehr und nicht weniger. Dazu gehört, dass die Würde der Menschen respektiert wird, dass ihre physische und psychische Integrität in der Gefangenschaft respektiert wird. Und da sind die Delegierten nicht bereit, Kompromisse einzugehen, auch im Wissen darum, dass Verbesserungen in der Regel nur schrittweise erwirkt werden.

In wichtigen Angelegenheiten der humanitären Diplomatie ist der Präsident selber gefragt, damit der Forderung möglichst viel Gewicht gegeben werden kann. Wie gehen Sie vor?
Nehmen wir ein Beispiel. Nach dem humanitären Völkerrecht müssen nach Beendigung der aktiven Feindseligkeiten die Kriegsgefangenen und im Prinzip auch die internierten Zivilisten freigelassen werden. In den meisten Konflikten geschieht dies aber nicht. In meinem ersten Jahr als IKRK-Präsident bin ich in die Sahara gereist und habe vom Chef des Polisario (das ist die saharauische Unabhängigkeitsbewegung) gefordert, die über 1500 marokkanischen Kriegsgefangenen unverzüglich freizulassen. Der grösste Teil davon

war seit mehr als 20 Jahren gefangen. Das Gespräch scheiterte. Darauf flog ich nach Algier, bat den algerischen Präsidenten um Unterstützung für mein Anliegen. Wenige Tage später rief mich Präsident Bouteflika an und teilte mir mit, 201 Personen würden freigelassen, wenn ich mich in den nächsten Tagen persönlich erneut in die Westsahara begebe. Wir mieteten in Brüssel einen Airbus, flogen mit dem leeren Airbus nach Tinduf und übernahmen 201 Kriegsgefangene an einem vom Polisario festgelegten Ort. Ich wartete am Flugzeug, bis der letzte der Entlassenen die Maschine bestiegen hatte. Inzwischen konnten übrigens alle marokkanischen Kriegsgefangenen nach Hause zurückkehren. Als Eritrea und Äthiopien trotz zahlreicher Interventionen des IKRK die Kriegsgefangenen nach dem Krieg von 1998–2000 nicht freiliessen, reiste ich im August 2002 nach Asmara und Addis Abeba, um im Gespräch mit Präsident Afeworki und Ministerpräsident Meles die Freilassung zu erwirken.

Sie schalten sich also ein, wenn die Delegierten vor Ort nicht weiterkommen?
Ja, die Delegierten oder deren vorgesetzte Stellen in Genf. In den ersten Monaten 2004 wurde uns immer klarer, dass die humanitäre Situation im Darfur katastrophal war. Wir bekamen von der Regierung aber keine Bewilligung, um ständige Delegationen vor Ort aufzubauen, wir bekamen nur auf ein paar Tage befristete Reisebewilligungen, beschränkt auf ein bestimmtes Gebiet. So fuhr ich Anfang März nach Khartum und machte Präsident Baschir und andern Ministern klar, dass wir nicht bereit sind, im Darfur eine Alibifunktion auszuüben, sondern dass wir wirkungsvolle Hilfsoperationen durchführen wollen und dass dies nur möglich ist, wenn wir ständige Vertretungen im Darfur einrichten können. Wenig später bekamen wir grünes Licht.

Ein anderes Erfolgserlebnis hatte ich im November 2001 in Afghanistan. Im dunklen und kalten Kabul traf ich nachts die neuen Machthaber, den Oberbefehlshaber der Nordallianz, General Fahim, Yunus Quanoni, den späteren Innenminister und heutigen Parlamentspräsidenten und den späteren Aussenminister Abdullah Abdullah. Aus Sorge um das Schicksal der in Kunduz eingekesselten Taliban und arabischen Milizen forderte ich diese auf, die Genfer Konventionen einzuhalten, auch gegenüber ausländischen Milizen, und bestand darauf, alle Gefangenen nach unseren Regeln besuchen zu können. Ein paar Tage später erfuhr ich in New York, Abdullah Abdullah habe für die Nordallianz ein Papier unterzeichnet, das dem IKRK Zugang zu allen Gefangenen gewähre.

Es gibt freilich auch Fälle, wo ich mein Ziel nicht erreichte. Ich erinnere mich an eine meiner ersten Missionen im Süden Kolumbiens. In einer abgelegenen Gegend traf ich mich mit Führern der Guerillabewegung ‹Fuerzas armadas revolucionarias de Columbia› und verlangte Zugang zu den Gefangenen der FARC, was diese jedoch ablehnten. Sie hatten Angst, deren Aufenthaltsort könnte von den Gegnern ausgemacht werden.

Das muss bestimmt frustrierend sein.
Frustration ist nicht ein Gefühl, das mich plagt. In einer Organisation wie dem IKRK, die das Schicksal sehr vieler Menschen verbessern kann, wäre das auch fehl am Platze. Und dann gibt es, wie überall im Leben, neben Erfolgen auch Misserfolge. Die Mitarbeiter des IKRK brauchen neben starken Überzeugungen viel Hartnäckigkeit.

Wie überwinden Sie Misserfolge?
In solchen Augenblicken erinnere ich mich an die vielen Fälle, wo ich das Ziel erreicht habe. Das hilft schon viel. Wenn ich mit Problemen schwer fertig werde, gehe ich in der Regel joggen, meistens mit meiner Frau.

Wie bereiten Sie sich auf Gespräche auf höchster Ebene vor? Machen Sie sich ein Bild von den Personen, die Sie treffen?
Unsere Delegationen vor Ort kennen Land und Personen gut, wenn nicht persönlich, so doch von Schilderungen von Menschen, die ihnen nahe stehen. Und die Delegierten versorgen mich vor dem Treffen mit Informationen, die mir nützlich sein können. Ich erhalte aber auch Informationen aus diplomatischen Kreisen.

Gibt es je nach Persönlichkeit und Kultur Gepflogenheiten oder Zeremonien, die Sie bei Gesprächen beachten müssen?
Allgemein gilt, dass alle, die im Dienste des IKRK stehen, sich selbstverständlich den Gepflogenheiten des betreffenden Landes

anpassen müssen. Es ist klar, dass in islamischen Ländern auch für weibliche IKRK-Delegierte die entsprechenden Kleidervorschriften gelten. Und wer die Moschee betritt, zieht vorher eben die Schuhe aus. Aber was die Gesprächssituation betrifft, da glaube ich, sind sich die Menschen doch sehr ähnlich. Wichtig ist überall, dass der andere spürt, dass man ihn ernst nimmt, bereit ist, sich auch in seine Lage zu versetzen.

Gibt es einen Typ von Menschen, mit dem es schwierig ist zu verhandeln?
Ich glaube, es gibt viele Leute, die etwas schwierig sind. Auch ich bin manchmal schwierig. Ich finde immer schwierig, wenn Gesprächspartner die Probleme, um die es geht, nicht direkt ansprechen, wenn man nicht zum Kern der Sache vordringen kann. Oft ist es mühsam herauszufinden, wo das Problem liegt.

Wie bringen Sie Forderungen und Beanstandungen vor?
Kommen Sie sofort zur Sache, reden Sie immer Klartext oder ziehen Sie manchmal die Samthandschuhe an?
Ich komme immer sofort auf das Problem zu sprechen, bringe meine Anliegen oder Forderungen ohne Ausnahme stets direkt vor. Ich bin überzeugt, wenn der andere den Eindruck hat, man wage es nicht, die schwierigen Punkte geradewegs anzusprechen, dann erhöht das bestimmt nicht den Respekt vor einem. Dann denkt der andere, der ist sich seiner Sache nicht sicher oder hat Angst vor der Konfrontation.

Ich habe, auch in meiner diplomatischen Laufbahn, zu oft erlebt, dass Leute es nicht wagen, Probleme sofort und deutlich anzusprechen, sondern zunächst lange Smalltalk machen und am Schluss scheu und fast nebenbei ihre Hauptanliegen anbringen. Das nützt wenig bis nichts.

In Verhandlungen mit autoritären Personen, die von Anpassern umgeben sind und daran gewöhnt sind, mit dem Instrument Angst zu arbeiten, ist es entscheidend, die heiklen Punkte, über die sie am liebsten gar nicht reden möchten, rasch und unmissverständlich anzusprechen. Je nach Temperament droht dann unter Umständen zwar ein Wutausbruch, doch darauf folgt meistens ein Gefühl des Respekts im Sinne des ‹Der hat es gewagt›.

*Wenn Sie Ihrem Partner gegenübersitzen und er geht zunächst ein-
mal nicht auf Ihre Forderung ein, brechen Sie das Gespräch ab oder
stellen Sie die Forderung mit weiteren Erklärungen ein zweites und
drittes Mal?*

Ich spüre meistens gut, ob der andere nicht darauf eingeht, weil
er nicht darauf eingehen will oder weil er das Problem noch nicht
abschliessend geprüft und geklärt hat. Wenn ich merke, er könnte
darauf eingehen, will aber nicht, dann hake ich schon nach und insis-
tiere, aber immer höflich.

*Machen Sie bei solchen Missionen auch Konzessionen? Kommen Sie
dem Partner entgegen?*

Nein. Ich kann in Bezug auf das humanitäre Völkerrecht keine
Konzessionen machen, ich muss darauf bestehen, dass dieses eingehalten wird. Nehmen wir an, ich verlange von einem Gesprächspartner die Freilassung aller Kriegsgefangener. Entgegnet mein Gegenüber nun, er könne aus verschiedenen Gründen nur ein paar Hundert freilassen, werde ich auf die Forderung nach Freilassung aller
selbstverständlich nicht verzichten, bin aber froh, wenigstens eine
Teilentlassung zu erreichen. Über gewisse Dinge muss man sich vor
jedem Gespräch im Klaren sein: Was ist mein Ziel? Was muss ich
unbedingt erreichen? Welche Zugeständnisse kann ich auf keinen
Fall machen? Innerhalb dieses Rahmens gibt es dann Flexibilitäts-
zonen.

Zum Beispiel?

Wenn ich möchte, dass alle Kriegsgefangenen freigelassen werden, dann darf ich dieses Ziel nicht aufgeben. Ich muss daran festhalten. Aber unter Umständen muss ich akzeptieren, dass ich hier
und jetzt nur eine kleine Gruppe und nicht alle freibekomme. Ein
Zugeständnis, das nicht in Frage käme: für die Freilassung dieser
Gruppe auf die Forderung, alle freizulassen, zu verzichten.

*Sie verhandeln seit Jahrzehnten auf der internationalen Bühne. Wel-
che grundsätzlichen Erkenntnisse haben Sie daraus gewonnen?*

Es gibt Menschen, die glauben, eine Verhandlung sei schon deswegen ein Erfolg, weil sie zu einem Ergebnis führt und sie sich jahrelang damit beschäftigt haben. Für mich ist eine Verhandlung nur

dann ein Erfolg, wenn das Ergebnis mit den ursprünglichen Verhandlungszielen in den wesentlichen Punkten vereinbar ist. Verhandlungen können meines Erachtens nur gelingen, wenn sie scheitern dürfen. Ich ziehe das Scheitern einer Verhandlung eindeutig einem Verhandlungsergebnis vor, in dem ich meine ursprünglichen wichtigsten Verhandlungsziele nicht mehr erkennen kann. Das tönt selbstverständlich, ist es nach meinen Erfahrungen aber nicht. Es gibt Leute, die ein Ergebnis für gut halten, nur weil sie sich mit einer Verhandlung lange beschäftigt haben. Es ist wichtig, dass der andere spürt, dass man bereit ist, ein Scheitern in Kauf zu nehmen. Wenn der andere das Gefühl hat, man wolle den Erfolg um jeden Preis, dann schwächt man die eigene Position.

Wesentlich ist zudem, dass man den Standpunkt des Partners ernst nimmt und der andere das auch spürt. Der ernsthafte Versuch, den andern zu verstehen – zu verstehen, was er will, welches seine Probleme sind, ist wichtig. Wie der Philosoph Hans-Georg Gadamer betont hat, bedeutet der Wille, den andern zu verstehen, nicht unbedingt, dass man mit ihm einverstanden ist. Die beiden Haltungen sind sorgfältig zu trennen. Zum Beispiel: Wenn einer sagt: «Ich kann keine Gefangenen freilassen, meine Bevölkerung würde dies zum jetzigen Zeitpunkt nicht akzeptieren», kann ich dieses Argument in einer bestimmten politischen Lage unter Umständen verstehen, aber ich kann nicht damit einverstanden sein, dass die Regeln des humanitären Völkerrechts nicht respektiert werden.

Ich bin jedoch überzeugt, dass es einen Unterschied macht, ob der andere das Gefühl hat, man gebe sich Mühe, sich in seine Lage zu versetzen, oder ob er denkt, der Typ sieht nur seine eigenen Anliegen. In der zwischenmenschlichen Beziehung hat dies bestimmt Gewicht. Es kann doch sein, dass man zu einer zweiten oder dritten Runde zusammenkommt, und dann wird er sich an einen offenen Gesprächspartner lieber erinnern als an einen, der nur eine – die eigene Perspektive kennt.

Sie signalisieren dem andern also klar, dass Sie ein gewisses Verständnis für seine Situation haben.

Ja, ich bin durchaus bereit, dem Partner zu sagen, dass ich sein Problem erkenne, ohne allerdings von meinem Ziel abzurücken. Ein häufiger Grund für das Versagen von Verhandlungen ist der rechthaberische pädagogische Auftritt, der dem Gegenüber den Eindruck geben muss, man könne sich überhaupt nicht in seine Lage versetzen. Eine solche Haltung ist in allen Verhandlungen schädlich, besonders aber in den sensiblen humanitären Fragen.

Welches sind grobe Fehler bei Verhandlungen?
Ein katastrophaler Fehler ist sicher, den andern zu unterschätzen, auch seine Wahrnehmungsfähigkeit zu unterschätzen. Ein anderer, den ich häufig angetroffen habe: behaupten, etwas sei das letzte Zugeständnis, dann jedoch weitere machen.

Besonders dumm ist das Operieren mit Drohungen, diese dann aber nicht umzusetzen.

Sie sprechen sehr gut Französisch, Englisch, Spanisch – verhandeln Sie auch in diesen Sprachen?
Ja. Und in Rom spreche ich Italienisch.

Es gibt immer wieder Situationen, wo Sie aber auf einen Dolmetscher angewiesen sind.
Ja. Der Gastgeber entscheidet in der Regel, ob er bereit ist, das Gespräch in einer andern als seiner Muttersprache zu führen. Entscheidet er sich für Dolmetscher, ist er dafür besorgt. Bei dem Gespräch mit dem chinesischen Präsidenten Hu Jintao im Sommer 2005 wurde beispielsweise ein Dolmetscher beigezogen. Unser ebenfalls anwesender Delegationsleiter in Peking spricht fliessend Chinesisch. In arabischen Ländern werden die Gespräche in der Regel auf Englisch geführt. Meistens spricht ein Mitglied der IKRK-Delegation auch Arabisch.

Manchmal verhandle ich in zwei Sprachen. Als ich im März 2000 in Moskau mit dem russischen Präsidenten Wladimir Putin über unsere Tätigkeit in Tschetschenien verhandelte, wurde das formelle Gespräch Russisch-Englisch übersetzt, aber unter vier Augen sprachen wir miteinander Deutsch. Wir sprachen auch Deutsch miteinander, als wir uns letztes Mal im Herbst 2003 in Malaysia am Gipfel der Organisation der islamischen Konferenz trafen.

Der Präsident des IKRK geniesst bei den meisten Staatsmännern Respekt, also wird man Ihnen zuhören und auf Ihre Anliegen eingehen?

Ja, der Zugang zu den Regierungsspitzen ist kein Problem. Es ist ja nicht selbstverständlich, wenn, wie im Februar 2005 in Washington, ein anderthalbtägiges Programm substanzielle Gespräche (keine protokollarischen Höflichkeitsbesuche) mit Präsident Bush, mit Aussenministerin Rice, mit Verteidigungsminister Rumsfeld und dem nationalen Sicherheitsberater Hadley umfasst. Der Berliner Besuch im März 2006, um ein zweites Beispiel zu nehmen, umfasste Gespräche mit Bundespräsident Horst Köhler, Bundeskanzlerin Angela Merkel, dem Aussenminister, dem Verteidigungsminister und der Ministerin für Entwicklungszusammenarbeit. Die Zugangsmöglichkeiten in Ländern aus andern Kulturkreisen, Saudi-Arabien zum Beispiel oder China, sind vergleichbar.

Wie werden solche Besuche in die Wege geleitet? Wie stellen Sie die Verbindung zu den Regierungen her? Greifen Sie selber zum Telefon?

Die Initiative kann von der entsprechenden Regierung oder vom IKRK ausgehen. Geht sie vom IKRK aus, gelangen die zuständigen Dienste in Genf an die Botschaft des entsprechenden Landes und die IKRK-Delegation im Land kontaktiert die dortigen Ministerien. Mitunter telefoniere ich auch persönlich, aber nicht um Besuche zu organisieren, sondern um dringende Fragen zu diskutieren.

Eine spannende Begegnung war bestimmt die mit US-Präsident Bush, bei der auch die umstrittenen Haftbedingungen in Guantanamo zur Sprache kamen.

Ja, und zwar nicht nur die Haftbedingungen und die Behandlung, sondern auch die unterschiedlichen Rechtsauffassungen des IKRK und der USA über die Rechtsstellung der Inhaftierten. Wir hatten auch einen längeren Meinungsaustausch über die humanitäre Lage in verschiedenen Konfliktgebieten. Irak und Darfur standen im Vordergrund. Ich habe Präsident Bush auch für die grosszügige Unterstützung des IKRK gedankt – trotz tiefgreifender Meinungsverschiedenheiten und Spannungen.

Von wem ging die Initiative zu diesem Besuch aus?

Beide Seiten zeigten Interesse am Gespräch. Ich glaube zu wissen, dass meine wichtigste Gesprächspartnerin in der amerikanische Regierung, Aussenministerin Condoleezza Rice, ein solches Treffen befürwortete. Wer wirklich den ersten Schritt tat, weiss ich nicht mehr.

Warum gab es keine Medienkonferenz nach Ihrem Besuch im Weissen Haus?
Beide Seiten legten Wert darauf, dass die Gesprächsinhalte vertraulich bleiben. Es hätte niemandem gedient, wenn die Meinungsverschiedenheiten an einer Medienkonferenz breit ausgewalzt worden wären. An einer ehrlichen Medienkonferenz hätten sie aber nicht ausgeblendet werden können. Nach Treffen mit Präsidenten oder Regierungschefs mache ich äusserst selten Medienkonferenzen. Das ist nicht der Stil des Hauses und nicht mein Stil.

Ihre Besuche haben ganz verschiedene Gründe, es geht nicht immer um grosse Politik, sondern manchmal um bessere Arbeitsbedingungen im Felde oder wie zum Beispiel im Kongo um eigene Mitarbeiterinnen und Mitarbeiter.
Ja, der Besuch bei Präsident Museveni im Sommer 2005 war Folge eines sehr traurigen Ereignisses. Im April 2001 wurden im Nordosten der Demokratischen Republik Kongo sechs unserer Mitarbeiter ermordet. Ich habe den Familien der Ermordeten damals versprochen, dass ich nicht locker lassen werde, bis mir ein überzeugender Untersuchungsbericht über die Vorfälle vorliegt. Im Distrikt, in dem die Morde geschahen, gab es zu jener Zeit sowohl kongolesische als auch ugandische Truppen. Wir verlangten von beiden Parteien eine Untersuchung. Der Untersuchungsbericht aus Kampala überzeugte uns nicht. Darum reiste ich nach Kampala zum ugandischen Präsidenten Museveni und forderte einen sorgfältigeren Bericht, der auch die von uns gelieferten Informationen berücksichtigt, zudem Einsicht in wichtige ugandische Unterlagen, womit er einverstanden war.

Die Gespräche mit Ministerpräsident Ariel Scharon und Palästinenserführer Yassir Arafat im Oktober 2002 hatten das Ziel, die Bedingungen für die Tätigkeit unserer Delegierten im Felde zu verbessern. Israel und die von Israel besetzten palästinensischen Gebiete waren damals die zweitgrösste Operation des IKRK, im Januar 2006 noch immer die drittgrösste, und ich kann nicht ausschliessen, dass wir wegen der sich verschlechternden Lage in den palästinensischen

Gebieten die Tätigkeit weiter ausbauen müssen. Nebst der sehr wichtigen Beziehungspflege gab es für mich damals verschiedene konkrete Probleme zu regeln, zum Beispiel das folgende: Die Tätigkeit unserer Delegierten in den besetzten Gebieten wurde dadurch erschwert, dass sie nicht direkt mit den israelischen Militärkommandanten der einzelnen Abschnitte in Kontakt treten konnten, sondern nur über die Zivilverwaltung. Aus Sicherheitsgründen und um rasch Zugang zur betroffenen Bevölkerung zu erhalten, waren die direkten Kontakte sehr wichtig. Ariel Scharon gab mir schliesslich grünes Licht und seither klappt es. Ich benutzte diesen Besuch vor allem auch, um beide Seiten auf ihre Verpflichtungen gegenüber dem humanitären Völkerrecht aufmerksam zu machen. Auf israelischer Seite ging es in erster Linie darum, die Verantwortung der Besatzungsmacht für das Wohlergehen der Bevölkerung in den besetzten Gebieten zu unterstreichen. Auch hier wurden handfeste Fragen diskutiert wie die Dauer von Ausgehverboten und ihre humanitären Folgen.

Hat sich Ihr Raum- und Zeitbegriff im Laufe der jahrzehntelangen internationalen Arbeit geändert?
Nein. Aber wie komplex die Wirklichkeit ist, ist mir noch klarer und bewusster geworden. Ich muss heute noch mehr lächeln, wenn Leute rasche Urteile fällen und komplexe Situationen wichtigtuerisch vereinfachen und zuspitzen. Ebenfalls noch stärker als früher fällt mir auf, wie in der Welt das Gegenteilige und Widersprüchliche nahe nebeneinander liegen und wie stark räumliche Nähe oder persönliche Beziehungen zu einem Gebiet Interesse und Mitempfinden beeinflussen. Ich kann das gut verstehen, aber gewisse Erinnerungen bleiben doch haften. Im Sommer 2003 war der Bürgerkrieg in Liberia auf dem Höhepunkt – aus dem Radio hörte ich ausführliche Berichte über Zuschauerrekorde an den zahlreichen Festivals in der Schweiz. Das wirkte auf mich sehr seltsam. Auch Luxus und Elend sind oft nahe beieinander. Sie kommen in ein Land, in die Hauptstadt, dort gibt es alles, Luxushotels, die Leute fahren in schicken Karossen vor – und Sie müssen gar nicht weit gehen – schon erleben Sie, dass ein brutaler Bürgerkrieg im Gange ist und Tausende in Vertriebenenlagern leben. Viele scheinen sich an diesem Nebeneinander des luxuriösen Lebens mit dem elenden Leben nicht zu stören, mich aber beschäftigt dies immer wieder.

Intervenieren, aber Vertraulichkeit bewahren

Das IKRK ist die Hüterin des humanitären Völkerrechtes. Und das humanitäre Völkerrecht wird am häufigsten durch Angriffe auf die Zivilbevölkerung verletzt.

Die Angriffe auf die Zivilbevölkerung in den Bürgerkriegen sind die wohl schlimmste Entwicklung der Zeit seit dem Ende des Kalten Krieges. Sie sind zahlreich und die Brutalität der Übergriffe macht manchmal fast sprachlos. Nur ein paar Beispiele: Sierra Leone, wo Hunderten von Frauen und Kindern von Rebellengruppen Beine oder Arme abgehackt wurden; die Angriffe der Lord Resistance Army im Norden Ugandas auf die Zivilbevölkerung, bei denen Menschen verstümmelt und entführt wurden; und der Süden des Sudans, im Darfur, vor allem in der ersten Phase des Bürgerkrieges, wo viele Dörfer zerstört und die Zivilbevölkerung vertrieben und viele getötet oder misshandelt wurden.

Und was kann das IKRK dagegen tun? Ist es nicht machtlos?

Nein, was es tun kann, tut es. Wenn die Delegierten im Feld feststellen, dass Verstösse gegen das humanitäre Völkerrecht vorkommen, dann intervenieren sie bei den Truppen, seien es Regierungstruppen oder Rebellen. Sie intervenieren bei den lokalen, regionalen oder nationalen Behörden. Werden Interventionen auf oberster Regierungsebene notwendig, trete ich selbst in Aktion, wie z.B. im November 2004 in Khartum.

Wenn wir sehen, dass unsere Interventionen nichts fruchten, mobilisieren wir unter Umständen Staaten oder Staatengruppen, damit diese die Parteien, die das Recht verletzen, auffordern, das Recht einzuhalten.

Verwirken Personen, welche die Zivilbevölkerung angreifen, nicht den Status eines Kriegsgefangenen?

In den meisten bewaffneten Konfliktsituationen von heute gibt es den Status des Kriegsgefangenen gar nicht, weil es sich nicht um zwischenstaatliche, sondern innerstaatliche Konflikte handelt. Überdies verliert ein Kriegsgefangener den Status des Kriegsgefangenen nicht, wenn er Verstösse gegen das humanitäre Völkerrecht begeht, aber er muss dafür angeklagt und verurteilt werden. In der Öffentlichkeit ist die Meinung weit verbreitet, der Status des Kriegsgefangenen sei ein Privileg, das grundsätzlich vor rechtlicher Verfolgung schütze. Das wichtigste Privileg, das der Kriegsgefangene hat, ist, dass er für die Teilnahme am Krieg nicht bestraft wird. Wenn Angehörige einer Armee in einem zwischenstaatlichen Krieg Zivilisten angreifen, dann verletzen sie das humanitäre Völkerrecht aufs Schwerste und müssen dafür bestraft werden. Aber nochmals: Das Statut des Kriegsgefangenen gibt es nur in zwischenstaatlichen Kriegen, und diese sind, im Unterschied zu den Bürgerkriegen, eine Seltenheit geworden.

Welche Verstösse kommen ebenfalls noch häufig vor?

Ein relativ häufiger Verstoss ist auch die unverhältnismässige Anwendung von Gewalt bei militärischen Aktionen, zum Beispiel wenn Bomben mit verheerender Wirkung eingesetzt werden, wo das militärische Ziel auch mit Waffen zu erreichen wäre, die weniger Verluste unter der Zivilbevölkerung verursachen.

Welche Verhältnisse trifft das IKRK in den Haftanstalten an?

Es gibt viele Haftanstalten, wo allein schon die hygienischen Bedingungen völlig ungenügend sind und die Inhaftierten zu verhungern drohen, natürlich auch solche, in denen die Gefangenen schlecht behandelt werden, sei es, dass Leute misshandelt, erniedrigt oder übermässig lange in Isolationshaft gehalten werden.

Gerade hier ist das IKRK sehr zurückhaltend in der Veröffentlichung von Übergriffen und Missständen. Diese Diskretion wird von einem grossen Teil der Öffentlichkeit nicht verstanden.

Ich bin nicht so sicher, dass sie nicht verstanden wird. Meine Erfahrung ist, dass sie verstanden wird, wenn wir die Gründe für die Diskretion darlegen, wenn wir erklären, dass wir den Zutritt zu den Gefangenen oft gar nicht bekommen würden, wenn die zuständigen Behörden nicht auf unsere Verschwiegenheit im öffentlichen Raum zählen könnten. Wenn man in der Öffentlichkeit nicht redet, heisst das doch nicht, dass man im vertraulichen Gespräch mit den verantwortlichen Behörden nicht Klartext redet. Die Wirkungsmächtigkeit des öffentlichen Wortes wird in der Regel überschätzt und die Wirkung des Klartextes im vertraulichen Gespräch massiv unterschätzt, vor allem von Medienvertretern.

LETRAS

Núm. 10105

D. Jobch Kellenberger

Normas reglamentarias
—

1.ª—Será obligatorio para el acceso a la Biblioteca la entrega de la tarjeta al vigilante, el cual la devolverá a la salida.

2.ª—Está prohibido hablar en voz alta.

3.ª—Con cada libro no podrá trabajar más de un solo lector.

4.ª—Ningún lector podrá pedir a la vez más que una obra, salvo el criterio de la Dirección.

Granada, 14 Julio de 1973

La Directora de la Biblioteca,

V.º B.º
Al Rector,

Ausweis der Universitäts-
Bibliothek Granada (1973)

Am Engadiner Skimarathon

Beitrittsgesuch zur EU. V.l.n.r.: Jakob Kellenberger, die Bundesräte Jean-Pascal Delamuraz, René Felber, Vizekanzler Achille Casanova und Bundesrat Arnold Koller (Mai 1992)

Im Gespräch mit Bundesrat Moritz Leuenberger

Paraphierung der bilateralen Verträge mit EU-Chefunterhändler François Lamoureux (Februar 1999)

UNO-Generalsekretär Kofi Annan trifft Jakob Kellenberger, damals Staatssekretär (September 1997)

Präsidentenwechsel. Von Cornelio Sommaruga zu Jakob Kellenberger (Dezember 1999)

Mit seiner Frau in Solferino, anlässlich der Übergabe der Goldmedaille der Commune di Solferino an das IKRK (Mai 2002)

Zu Besuch bei Russlands Präsident Wladimir Putin (März 2000)

Im Garten des IKRK-Büros in Gaza (Oktober 2002)

Im Gespräch mit Palästinenserführer Yassir Arafat (Oktober 2002)

Treffen in Peking mit Jiang Zemin, Staatspräsident der Volksrepublik China (November 2002)

Besuch im psychiatrischen Spital Al Rashad in Bagdad (Mai 2003)

Besuch der Wasserstation Al Wahda in Bagdad (Mai 2003)

An der 28. Internationalen Konferenz der Rotkreuz- und Rothalbmondbewegung (November 2003)

Begegnung mit Fahd ibn Abd al-Aziz Al Saoud (rechts), König von Saudi-Arabien (Oktober 2003)

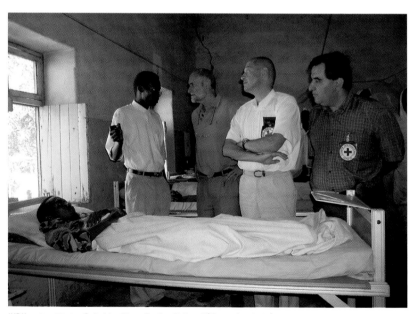

IKRK-unterstütztes Spital im West-Darfur, Zalingei (November 2004)

Besuch von König Juan Carlos I. von Spanien und seiner Gemahlin Königin Sophia beim IKRK (März 2005)

Im Weissen Haus beim US-Präsidenten George W. Bush (Februar 2005)

Treffen mit dem chinesischen Präsidenten Hu Jintao in Peking (Juli 2005)

Bei der Unterzeichnungszeremonie in Peking mit Chinas Aussenminister Li Zhaoxing (Juli 2005)

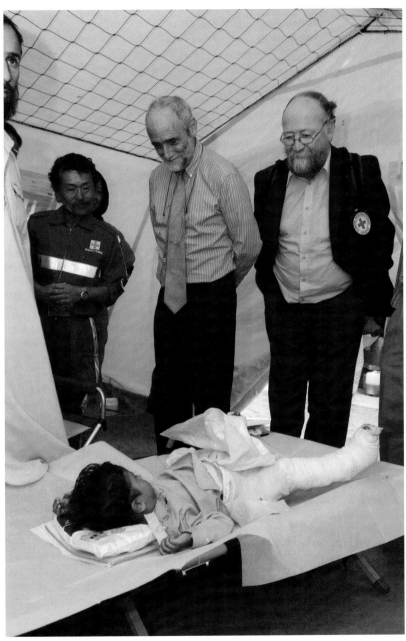

In einer mobilen Klinik im Jehlum-Tal im von Pakistan verwalteten Teil Kaschmirs. Rechts Y. Etienne, Leiter für Hilfstätigkeiten im IKRK (November 2005)

Zeltspital in Muzaffarabad, Pakistan (November 2005)

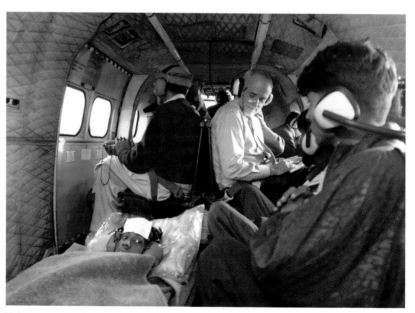

Verletztentransport im Helikopter zwischen Muzaffarabad und Islamabad (November 2005)

Treffen mit dem pakistanischen Präsidenten Pervez Musharraf in Rawalpindi (November 2005)

Konferenz über die Schaffung eines zusätzlichen Emblems mit Bundesrätin Micheline Calmy-Rey
(Dezember 2005)

Gespräche mit Bundeskanzlerin Angela Merkel in Berlin (März 2006)

Überquerung des Litani-Flusses im Südlibanon (August 2006)

Das IKRK beachtet die Vertraulichkeit über den Inhalt der Gespräche mit den zuständigen Behörden über Verletzungen des humanitären Völkerrechts, es ist jedoch ein Irrtum zu glauben, diese Vertraulichkeit sei bedingungslos, ein Staat könne tun, was er wolle, es würde immer Diskretion gewahrt.

Wir erwarten im Gegenzug zu unserer Vertraulichkeit, dass auf unsere Forderungen eingegangen wird. Wir haben eine Doktrin, die wir kohärent durchzuhalten versuchen. Wenn es zu schweren und wiederholten Verletzungen des humanitären Völkerrechts kommt, wenn wiederholte Demarchen des IKRK völlig erfolglos geblieben sind, wenn wir selbst Zeugen der Verstösse sind oder absolut sichere Quellen haben und wenn wir zur Überzeugung kommen, es sei im Interesse der betroffenen Menschen, dass wir an die Öffentlichkeit gehen, dann tun wir das. Das ist auch schon passiert. Leider im schlimmsten Fall völlig wirkungslos, nämlich beim Genozid in Ruanda, wo das IKRK schon Ende April 1994 an die Öffentlichkeit gegangen ist und über das, was passiert ist, Klartext gesprochen hat, aber die internationale Gemeinschaft und die Öffentlichkeit haben sich damals überhaupt nicht bewegt. Ein trauriges Beispiel der Wirkungslosigkeit des öffentlichen Wortes. Ich kann mir aber auch Situationen vorstellen, wo alleine das öffentliche Wort noch etwas bewegen kann.

Aber man kann sich schon viel zu Schulden kommen lassen, bevor man vom IKRK an den Pranger gestellt wird.

Nein. Das IKRK interveniert bei den verantwortlichen Behörden sofort, wenn ihm Verletzungen des humanitären Völkerrechts bekannt werden. Das IKRK hat die Aufgabe, sich dafür einzusetzen, dass das humanitäre Völkerrecht respektiert wird, dazu aber muss es Zugang haben zu den Menschen, die seinen Schutz und seine Hilfe brauchen, und um diesen Zugang zu bekommen, ist das Vertraulichkeitsprinzip wichtig. Natürlich bringen öffentliche Anklagen in der Regel kurzfristig viel Applaus, aber kritischere Geister fragen nach den erzielten Wirkungen für die direkt betroffenen Menschen. Allerdings darf man den Zeitpunkt nicht verpassen, in dem nichts mehr anderes als der Schritt an die Öffentlichkeit bleibt. Das ist ein wichtiger und ein schwieriger Entscheid. Zum einen ist die Wirkung der öffentlichen Erklärung ungewiss, zum andern ist aber ebenso ungewiss, ob das IKRK nach solchen Erklärungen in dem betreffenden Land noch tätig sein kann. Wer die Kommunikationspolitik im IKRK ernsthaft verfolgt und sich nicht mit Klischees zufrieden gibt, wird feststellen, dass das IKRK mehr öffentlich kommuniziert als ihm von manchen unterstellt wird. Über meinen Brief an Präsident Putin im Juni 2006 zum Beispiel haben wir öffentlich informiert. Es ging um die Forderung des IKRK, tschetschenische Sicherheitsgefangene zu besuchen. Die Probleme, die dazu führten, waren sogar Gegenstand eines Ende Juni in ‹Le Monde› erschienenen Interviews mit mir.

Informieren Sie die betroffenen verantwortlichen Behörden, bevor Sie an die Öffentlichkeit gehen?
Ja, im Prinzip schon.

Benutzen Sie das Öffentlichmachen als Druckmittel gegenüber den betroffenen Behörden?
Nein, aber wir machen deutlich, dass die Vertraulichkeit nicht bedingungslos ist, dass wir die Bereitschaft zu einer echten Zusammenarbeit erwarten. In vielen Fällen wissen wir zum Voraus, dass öffentlicher Druck überhaupt nichts bringt, sondern sogar kontraproduktiv sein kann.

Wer entscheidet, ob das IKRK die Verstösse öffentlich macht?
In heiklen Fällen ist es der Präsident, sogar ein vorheriger Entscheid des Ausschusses der Versammlung ist denkbar.

Menschenrechtsorganisationen wie Human Rights Watch oder Amnesty International gehen immer in die Öffentlichkeit und nennen die Missstände beim Namen.
Ich finde das gut. Die hauptsächlichste Aufgabe dieser Organisationen ist ja, öffentlich auf Missstände hinzuweisen, das ist wichtig. Diese Organisationen haben eine andere Aufgabe als das IKRK, sie üben keine humanitäre Tätigkeit aus, müssen in den Konfliktgebieten nicht versuchen, Hunderttausende zu schützen und ihnen zu helfen. Sie riskieren mit der öffentlichen Anzeige nicht, dass sie ihre Aufgabe nicht mehr wahrnehmen können.

Im Falle des US-Gefangenenlagers Guantanamo auf Kuba kam es zu Indiskretionen über eine IKRK-Inspektion. Macht es da noch Sinn, die Verschwiegenheit so ernst zu nehmen?

Sicher, auch weil wir unsere Politik ja nicht nur von der Diskussion um Guantanamo abhängig machen können. Ich muss an dieser Stelle auch an den Sinn für Grössenordnungen appellieren: In Guantanamo werden heute rund 450 Personen festgehalten. 2005 hat das IKRK 2600 Haftorte in rund 76 Ländern besucht, wo über eine halbe Million Menschen inhaftiert sind. Das dürfte verständlich machen, dass vereinzelte Indiskretionen kein Grund sein können, um eine Politik zu ändern, die sich aufs Ganze gesehen bewährt hat. Im Fall Guantanamo war es kein IKRK-Bericht, der an die Öffentlichkeit gelangte, es war ein interner Bericht der US-Verwaltung über IKRK-Berichte, der in die Medien kam, und da ist es sowieso nicht an uns, dies zu kommentieren.

Der Fall ist etwas schwieriger bei Abu Ghraib. Dort hat eine amerikanische Zeitung einen IKRK-Bericht veröffentlicht, und wir haben auch nicht bestritten, dass dies ein IKRK-Bericht war. Aber wir haben bedauert, dass er veröffentlicht wurde.

Mit solchen Indiskretionen müssen Sie immer rechnen.

Das können wir nicht ausschliessen, aber Indiskretionen sind sehr selten.

Im Falle von Abu Ghraib werden Sie sich fragen, wo war das Leck?

Das Leck war auf jeden Fall nicht beim IKRK, es musste in den USA sein. Wie weit das entsprechende Land die Berichte intern streut, darauf haben wir keinen Einfluss. Wir müssen davon ausgehen, dass der Adressat der Berichte die nötigen Vorsichtsmassnahmen trifft.

Im Falle von Guantanamo haben die Indiskretionen dazu geführt, dass US-Medien und einzelne republikanische Senatoren dem IKRK Parteilichkeit und eine antiamerikanische Haltung vorwarfen.

Das haben wir auch sofort mit aller Deutlichkeit zurückgewiesen.

Hat das IKRK schon häufig solche Anwürfe und Anschuldigungen erlebt?

Nein, eigentlich nicht. In den USA gab es einzelne Personen und politische Gruppierungen, die dem IKRK Parteilichkeit vorgeworfen haben. Es war nie die Regierung und auch nie eine der beiden grossen Parteien. Damit können und müssen wir leben, nicht nur in den USA.

Ich stelle mir vor, dass für viele Delegierte die Versuchung, an die Öffentlichkeit zu gelangen, gross ist, denn sie sehen und erleben die Ungerechtigkeiten und das Elend hautnah. Was tun Sie, damit Delegierte auf Einzelaktionen verzichten?

Es ist Teil der Grundausbildung, dass man den Mitarbeiterinnen und Mitarbeitern erklärt, warum die Vertraulichkeit wichtig ist. Ich glaube schon, dass es für Delegierte in gewissen Situationen viel Überwindung braucht, um die Vertraulichkeit zu bewahren. Aber es ist kein Problem in der Organisation. Der Grundsatz wird respektiert, denn alle wissen, dass die Vertraulichkeit ein Mittel und nicht ein Zweck ist. Wer an die Öffentlichkeit geht, muss damit rechnen, dass er den Zugang zu den hilfsbedürftigen Menschen aufs Spiel setzt und IKRK-Tätigkeiten, zum Beispiel Gefangenenbesuche, eingestellt werden.

Sind Sie felsenfest überzeugt, dass bei einer Verletzung der Vertraulichkeit der Zugang gesperrt wird?

Nein, das weiss man natürlich nie mit absoluter Sicherheit und dies wird auch von Ort zu Ort verschieden sein. Unterschiedliche Massstäbe in der Kommunikationspolitik anzulegen, bin ich aber nicht bereit. Das Risiko ist schon sehr ernst zu nehmen, vor allem in autoritär regierten Ländern.

Das IKRK und die Medien

Sie waren in den vielen Berufsjahren stets ein gefragter Interviewpartner, sind es als IKRK-Präsident auch heute noch. Im Umgang mit den Medien sind Sie jedoch eher zurückhaltend.

Zurückhaltend schon, unzugänglich nicht. Mein Verhalten gegenüber den Medien darf auch nicht in erster Linie nach der Medienpräsenz in der Schweiz beurteilt werden. Es fragt mich niemand, wo ausserhalb der Schweiz ich Medien zur Verfügung stehe, vom einstündigen Interview bei der grössten chinesischen Fernsehstation bis zu Interviews und Artikeln in der ‹Financial Times›, der ‹Herald Tribune›, der ‹Süddeutschen Zeitung›, in ‹Le Monde› oder ‹El Pais›. Wenn man diese Präsenz dazunimmt, kann man mich kaum als unzugänglich für Medien bezeichnen, auch wenn ich Medienpräsenz nicht zu meinen grössten Leidenschaften zählen würde.

Fühlen Sie sich von den Schweizer Medien stiefmütterlich behandelt?
Nein, überhaupt nicht. Ich habe mich von den Schweizer Journalisten immer gut behandelt gefühlt, auch vorher in Bern. Ich stelle einzig das Klischee, ich sei unzugänglich, in Frage. Alle Eitelkeiten eingerechnet, ist mein Bedürfnis, in der Öffentlichkeit zu erscheinen, eben nicht besonders ausgeprägt. Ich habe nicht das Verlangen, mein Bild jede Woche in irgendeiner Zeitung oder einem Heftli zu sehen. Sähe ich es allerdings während Jahren nicht, würde es mir möglicherweise fehlen.

Wann sind Sie für die Medien zu haben?
Wenn ich den Eindruck habe, dass sich ein Medium wirklich für die humanitäre Tätigkeit des IKRK interessiert, dann gebe ich gerne Interviews. Wenn ich dagegen den Eindruck habe, man verlange ein Interview nur, weil gerade ein attraktives emotionales Thema im Trend liegt – plötzlich wird Guantanamo wieder aktuell oder die versteckten Gefängnisse –, dann sehe ich die Notwendigkeit nicht ein.

Aber das sind doch Aktualitäten, die interessieren?
Richtig, aber für solche Fragen haben wir eine Presseabteilung. Es ist nicht so, dass wir nicht darüber sprechen wollen, aber der Präsident ist ja nicht der Pressesprecher.

Wann ist Medienarbeit Chefsache?
Wenn es um grundsätzliche Probleme geht, also etwa um die Frage: Ist die Vertraulichkeitspolitik des IKRK angemessen? Oder wenn die Institution in einer heiklen Lage Stellung nehmen muss. Als am 20. März 2003 der Angriff auf Bagdad begann, gab ich morgens um sechs Uhr in Genf eine Medienkonferenz, um an die anwendbaren

Regeln des humanitären Völkerrechts zu erinnern und dazu aufzurufen, sie zu respektieren. Nach dem Fall Bagdads hielt ich mit dem gleichen Ziel erneut eine Medienkonferenz ab. Jetzt ging es darum, deutlich zu machen, dass die Regeln für Besetzungssituationen angewendet werden müssen.

Wie ist die Information im IKRK organisiert?

Ausgerechnet in meiner Präsidialzeit beschloss das IKRK, eine eigene Direktion für Kommunikation zu schaffen. Das ist doch ein ziemlich eindrücklicher Gegenbeweis für die These, die Kommunikation sei mir nicht wichtig. Es ist für das IKRK sehr bedeutsam, sich in der Öffentlichkeit klar zu positionieren, auf der andern Seite aber sollte eine grosse Organisation nicht ausschliesslich durch eine einzige Person nach aussen treten. Die Personalisierung grosser Organisationen finde ich lächerlich. Sie vermittelt auch einen falschen Eindruck der tatsächlichen Verhältnisse. Der Ruf der Organisation hängt in erster Linie davon ab, was sie konkret leistet. Aber ich bin mir bewusst, dass der Ruf der Organisation auch durch ihre Wahrnehmbarkeit im öffentlichen Raum beeinflusst wird, daher die Bedeutung der Kommunikation.

Die Direktion Kommunikation betreut die Kommunikation im weitesten Sinne, nicht nur mit den Medien, sondern auch mit andern Organisationen, Streitkräften, Hochschulen etc. Es wird gesagt, wir würden heute besser kommunizieren als früher. Für die Medien haben wir einen Mediendienst, der von der Sprecherin, zuständig für Fragen, die das ganze IKRK betreffen, geleitet wird – zusätzlich gibt es weitere Sprecher, die für einzelne Regionen zuständig sind. Diese Leute stehen den Journalisten für tagesaktuelle Themen zur Verfügung.

Aber Sie anerkennen auch die gestiegenen Bedürfnisse der Medien im Kampf um Quoten und Auflagen?

Ja, aber es gehört nicht zu meinen Aufgaben, Unterhaltungsbeiträge zu liefern. Wer sich ernsthaft für humanitäre Probleme und die Tätigkeit des IKRK interessiert und nicht nur kurzfristig aufsehenerregende Stories sucht, findet im IKRK mühelos Gesprächspartner.

Jugend – Studium – Familie

In Heiden, im Kanton Appenzell Ausserrhoden, im selben Ort, in dem 34 Jahre früher Henri Dunant, der Gründer des Roten Kreuzes, als armer und kranker Mann starb, wurde Jakob Kellenberger am 19. Oktober 1944 geboren. Ein gutes halbes Jahrhundert später wird er an der Spitze des IKRK stehen.

Jakob Kellenberger ist Spross eines alten Geschlechts, das nach dem Weiler Kellenberg in der Gemeinde Reute benannt ist. Er hat zwei jüngere Geschwister, eine Schwester und einen Bruder.

Die Familie besass in Heiden zwei Geschäfte, der Vater führte das Fotogeschäft, die Mutter ein kleines Warenhaus.

Die Primar- und Sekundarschule besuchte Kellenberger in Heiden und im thurgauischen Arbon, dann wurden ihm Elternhaus und Appenzellerland – nicht zuletzt wegen familiärer Probleme – zu eng und er zog fort, zuerst nach Basel, wo er bei der Speditionsfirma Natural eine kaufmännische Lehre machte.

Nach Lehrabschluss arbeitete er bei verschiedenen Firmen und entschloss sich – schon damals keine leichte Aufgabe –, auf dem zweiten Bildungsweg die eidgenössische Matura Typ B zu erwerben. Sein Drang nach Unabhängigkeit und Selbständigkeit war gross. Ich vermute, dass Jakob Kellenberger in dieser Zeit seine Ausdauer und sein diszipliniertes Arbeiten entwickelt hat, das für seine spätere Karriere bezeichnend wurde. Nach der Matura studierte er an der Universität Zürich französische und spanische Literatur und Linguistik (mit Studienaufenthalten in Tours und Granada). 1974 schloss er mit dem Dr. phil. I ab.

Während des Studiums lernte er Elisabeth Jossi kennen, eine Mitstudentin. Sie ist heute Sprachlehrerin am Collège Rousseau in Genf. Die beiden heirateten 1973. Das Ehepaar hat zwei Töchter: Eleonore, geb. 1975, und Christina, geb. 1977.

Am Tag gejobbt, nachts Maturastudium

Sie sind in einer ländlichen und konservativen Gegend aufgewachsen. Was hat Sie im Elternhaus geprägt?

Ich habe mich nie gefragt, was einen prägt, wessen Produkt man ist. Ich gehe immer davon aus, dass man sich im Wesentlichen selbst macht, im Sinne von Sartres ‹L'homme se fait›. Es war ein unabhängiges, bürgerliches Milieu, in dem ich aufwuchs, geistig ziemlich lebhaft, offen. Mein Vater war Fotograf und politisch interessiert, vor allem an Aussenpolitik, meine Mutter war der Musik und Literatur zugetan.

Wurde im Elternhaus mit den Kindern über Politik und Kunst geredet?

Ja, recht häufig.

War Jakob ein guter und auch ein fleissiger Schüler?

Ich war kein schlechter Schüler, hatte in der Sekundarschule aber eine Krise. Der sich anbahnende Zusammenbruch der Familie hat Konzentration und Fleiss wohl auch nicht gefördert.

Das Maturazeugnis war dann gut bis sehr gut, auch der Hochschulabschluss.

Taten Sie sich im Turnen und im Sport hervor?

Nein, nicht dass ich wüsste, später spielte der Sport in meinem Leben jedoch eine ziemlich grosse Rolle. Ich betrieb nicht ungern Sport, aber ich habe keine besonderen sportlichen Leistungen in Erinnerung.

Ich stelle Sie mir eher als stillen, introvertierten Knaben vor, eher als Leseratte denn als Wildfang, der durch Feld und Wald tobte.

Ja, ich las immer sehr viel, war aber auch sehr gerne im Freien.

Was lasen Sie im Schulalter?

Mehr Karl May als Gottfried Keller.

Aber Jakob war keiner, der böse Streiche aussheckte und Eltern und Lehrer ärgerte?

Nein, aber so brav, wie Sie vielleicht denken, war ich auch wieder nicht.

Nach der Sekundarschule absolvierten Sie bei einer Speditionsfirma in Basel eine kaufmännische Lehre. Warum trat der aufgeweckte Jakob nicht gleich ins Gymnasium ein?
Zwischen meinem Vater und meiner Mutter gab es zunehmende Spannungen. Als ich 15 Jahre alt war, kam es zur Scheidung. Das war wohl ein wichtiger Grund für meinen Wunsch, möglichst rasch unabhängig zu sein. Von meinen damaligen Leistungen her drängte ich mich übrigens nicht fürs Gymnasium auf. Zu Hause lebte ich in einem weltoffenen Milieu, die Eltern waren sehr interessiert an der Welt, an der Stadt.

Mein Vater träumte immer davon, einmal eine Zeit lang im Ausland zu leben. Das war sicher auch mitbestimmend, dass es mich früh in die Stadt zog. In Basel zu leben, das nach Deutschland und Frankreich hin offen ist, und erst noch im internationalen Transportwesen tätig zu sein, das zog mich an, das gab ein bisschen die Möglichkeit, in die grosse Welt hinauszutreten.

Nach der Lehre waren Sie in verschiedenen Firmen als kaufmännischer Angestellter tätig. Glaubten Sie ernsthaft daran, in der Wirtschaft Karriere zu machen?
Nein, ich habe schon während der Lehre rasch entdeckt, dass mich das Kaufmännische nicht glücklich machen würde, und früh beschlossen, nach der Lehre die eidgenössische Matura nachzuholen und dann zu studieren. Ich habe früh gearbeitet, um mein Geld zu verdienen, weil ich selbständig sein wollte. Die Maturitätsausbildung habe ich mir selber finanziert.

Am Tag habe ich kaufmännisch gearbeitet, nachts und an den Wochenenden studiert. Während des Hochschulstudiums hat mich der Kanton Zürich unterstützt, wofür ich immer dankbar bleibe.

Philosophie/Literatur oder Mathematik?

Das Studium, das Sie wählten – im Hauptfach Geschichte der fran-
zösischen Sprache und Literatur, in den Nebenfächern spanische Lite-
ratur und Geschichte der spanischen Sprache –, führt normalerweise
in ein höheres Lehramt oder in die Kulturredaktion einer grossen
Zeitung, aber nicht in die Welt der Diplomatie. Haben Sie für Ihre
Laufbahn damals nicht die ‹falsche› Studienrichtung eingeschlagen?

Ich hatte ziemlich Schwierigkeiten bei der Wahl des Studiums, ich
schwankte vor allem zwischen Philosophie/Literatur und Mathema-
tik, interessierte mich gleichermassen für Natur- und Geisteswissenschaften. In den ersten zwei Semestern belegte ich denn auch Mathe-
matikvorlesungen. Erst nach der Offiziersschule entschied ich mich
für Literatur und Linguistik.

Ich machte mir überhaupt keine Berufsvorstellungen. Ich studierte, weil ich das Studium liebte, und machte mir kaum Gedanken darüber, wie ich später meinen Lebensunterhalt bestreiten würde. Eine grosse Versuchung war die Studienkombination von Ma-
thematik und Philosophie, das verwarf ich dann aber, weil man mir
sagte, dann könne ich nur Lehrer oder Versicherungsmathematiker
werden. Das war mir doch eine zu grosse Einschränkung.

Sie erwähnten die Offiziersschule – welchen Grad bekleideten Sie?

Ich war Oberleutnant in der Artillerie, zuständig für die Übermittlung. Ich sah in der Offiziersschule eine gute Ergänzung der Ausbildung.

Was hat Ihnen das Literatur- und Linguistikstudium gegeben, das
für Sie heute noch von Bedeutung ist?

Ein mit Liebe betriebenes geisteswissenschaftliches Studium vermittelt eine solide und umfassende Bildung. Ein Literaturstudium
lehrt auch, die Worte sehr ernst zu nehmen, weil man Einblick in ihre
Bedeutungsschwere gewinnt und in die Assoziationen, die sie wecken. Man lernt, im Umgang mit Sprache sehr umsichtig zu sein. Das
ist mir später auch in den Verhandlungen zugute gekommen. Viele
Konflikte und viel Leid könnten vermieden werden, wenn die Menschen die Sprache, welche unsere Wahrnehmung und unser Empfinden mitbestimmt, ernster nähmen. Die Geisteswissenschaften befas-

sen sich ja mit dem, was der Mensch hervorgebracht hat. Man bekommt mit ihnen einen guten Einblick in die menschliche Natur.

Welche Philosophen und Schriftsteller, mit denen Sie sich damals besonders beschäftigten, haben Sie besonders beeinflusst und bedeuten Ihnen auch heute noch etwas?
Da ich nie aufgehört habe, mich regelmässig mit Philosophie und Literatur zu befassen, kann ich Ihnen keine einfache Antwort liefern. Sie wollen aber eine einfache Antwort. Gründlich auseinander gesetzt habe ich mich mit den Philosophen der Aufklärung und Aufklärungskritik, vor allem mit Jean-Jacques Rousseau. Die politischen Schriften interessierten mich dabei weit mehr als seine persönlichen Bekenntnisse. Nachhaltiger beeinflusst hat mein Denken und meine Lebenshaltung aber wohl doch der nüchternere und konsequentere Immanuel Kant. Als einer, der dem vereinfachenden Blick der Gewohnheit (der Ausdruck stammt von Hofmannsthals Lord Chandos) besonders misstraut, bedeuten mir auch so verschiedene Denker wie Roger Bacon mit seiner Trugbildlehre oder Karl Popper mit dem kritischen Rationalismus und der Aufforderung zum steten Falsifikationsversuch eigener Denkweisen einiges.

Hans-Georg Gadamer ist ein Denker, der mich vermutlich besonders nachhaltig beeinflusst hat, jedenfalls nehme ich mir seit der Studienzeit sein Hauptwerk ‹Wahrheit und Methode› regelmässig, kapitelweise wenigstens, wieder vor. Seine Sorgfalt im Umgang mit dem Wort, seine Einblicke in den Vorgang des Verstehens und vor allem seine Überzeugung, dass es nicht nur ein Wissen und Erkennen aus wissenschaftlich nachweisbaren Gründen gibt – der Geschmack zum Beispiel ist eine Erkenntnisweise –, haben mich stark beeinflusst. Wenn er in Baltasar Graciáns ‹Discreto› das Ideal des Gebildeten der Neuzeit erkennt und für dieses Ideal auch Sympathie spüren lässt, fühle ich mich ihm auch in diesem Punkt nahe.

Friedrich Nietzsche hat mich fasziniert und erschüttert durch das Nebeneinander von schärfster Erkenntnis und unverantwortlich hemmungslosen Äusserungen.

Und dann wäre auch Albert Camus, dem das Gefühl von Absurdität nicht als Vorwand diente, sich nicht für Menschlichkeit einzusetzen, wie zum Beispiel die Romanfiguren Dr. Rieux und Tarrou in ‹La Peste› zeigen.

Jogger und Skilangläufer

Sie haben mit Ihrer Frau zwei Töchter grossgezogen, Eleonore und Christina. War bei Ihrer aufreibenden beruflichen Tätigkeit ein Familienleben noch möglich?

Meine Frau hat die Töchter grossgezogen. Ich bin mir bewusst, dass ich mir für die Familie mehr Zeit hätte nehmen sollen. Aber ich hatte früh Posten mit erheblicher Verantwortung und grossem Arbeitspensum. Der Karrierelift ging sehr schnell nach oben und das Leben war dadurch extrem auf den Beruf ausgerichtet. Wir haben aber als Familie gemeinsam viel Schönes erlebt.

Haben Ihre Frau und Ihre Töchter Ihre häufigen Abwesenheiten stillschweigend hingenommen oder haben sie dagegen protestiert?

Meine Frau, eine starke Persönlichkeit, war grosszügig, wahrscheinlich zu grosszügig. Die Töchter haben meine einseitige Ausrichtung auf den Beruf damals und später kritisiert.

Diskutierten und diskutieren Sie berufliche Fragen mit Ihrer Frau?

Ja, und zwar oft. Aber ich muss aufpassen, dass ich nicht nur von den Fragen rede, die mich beschäftigen, sondern auch zuhöre, was meine Frau beschäftigt. Sie würde mir hier vermutlich Fortschritte über die Jahre bescheinigen.

Nehmen Ihre Töchter Anteil an Ihrer Arbeit?

Sie konzentrieren sich hauptsächlich auf ihren Beruf und das ist gut so. Eleonore studiert in Dublin am Trinity College Literatur, Christina ist in Amsterdam Cellistin. Sie haben es als Nachteil empfunden, dass der Vater durch den Beruf relativ stark in der Öffentlichkeit stand.

Und wie ging Ihre Frau mit Ihrem Prominentenstatus um?

Meine Frau ist eine sehr selbständige, in sich ruhende Persönlichkeit, für die dieser Status kaum eine Bedeutung hatte. Weniger Prominenz und mehr Präsenz in der Familie wären ihr lieber gewesen. Sie hat mich während meiner Diplomatenzeit immer unterstützt. Für sie war es allerdings ein Opfer, dass sie während einer gewissen Zeit ihren Lehrerberuf nicht ausüben konnte, sie ist aber, so rasch dies ging, wieder eingestiegen. Sie hat nicht nur ein Romanistikstudium abgeschlossen, sondern auch das Musikkonservatorium in London als Querflötistin, während der Zeit, als ich als Diplomat in London tätig war.

Sie reisen beruflich sehr viel. Unternehmen Sie auch privat noch Reisen mit Ihrer Frau?

Ja, aber meine Frau würde gerne mehr reisen, vor allem auch in entferntere Länder. Dafür bin ich nur schwer zu haben, weil ich beruflich so viel reisen muss. Ich reise sehr gerne mit meiner Frau, visiere aber lieber Ziele in der Nähe an, etwa in der Toscana oder in Spanien, und das wiederum findet meine Frau nicht immer so spannend. Sie versteht aber, dass ich wegen meiner beruflichen Reisen in sehr unterschiedlichen Umgebungen in den Ferien vertraute Orte bevorzuge.

Sie sind ein leidenschaftlicher Jogger und Ski-Langläufer. Wo laufen Sie in Genf?

In Genf laufe ich in der Gegend der Sportanlage Bout du Monde, dort gibts nicht nur eine 400-Meter-Bahn, sondern auch die Möglichkeit zum Joggen, die meine Frau und ich zwei- bis dreimal wöchentlich nutzen. Skilanglauf betreiben meine Frau und ich vor allem auf dem Col des Mosses und im Saanenland, weil wir in der Gegend ein Chalet besitzen. Mit dem ‹Engadiner›, den ich viermal bestritten habe, ist Schluss. Seit ich in Genf wohne, ist mir der Weg ins Engadin zu lang.

Was gibt Ihnen das Joggen und Skilanglaufen?

Der regelmässige Sport – in der Regel dreimal wöchentlich – macht mir Freude und hilft mir auch, Gleichgewicht und Sinn für das Mass zu behalten. Das Gefühl eines leistungsfähigen Körpers kommt bei mir auch dem geistig-seelischen Zustand zugute. Scheint mir ein Problem fast unüberwindlich, rede ich am besten nicht darüber, sondern ziehe die Laufschuhe an und laufe los. Nachher habe ich zwar meist nicht die Lösung, aber das Problem scheint mir lösbar.

Sie sind ein gefragter Gastredner. Welches sind die Kriterien, nach denen Sie Einladungen für solche Auftritte auswählen?

Ich nehme nur Einladungen an, bei denen ich den Eindruck habe, es sei für die Institution des IKRK wichtig. Ausgesprochen gerne halte ich an der ETH Zürich im Sommersemester eine Vorlesung über humanitäre Tätigkeit und humanitäres Völkerrecht. Im Unterschied zu Vorträgen sind eine solche Vorlesung und der Dialog mit den Studenten eine bereichernde Herausforderung, und Herausforderungen mag ich.

Ihre Diplomatenlaufbahn führte vom Botschaftssekretär bis zum Staatssekretär. Gab es in diesen 26 Jahren Momente, da Sie sich überlegten, den Bundesdienst zu verlassen und etwas anderes zu beginnen?

Nein. Ich hatte doch eine sehr interessante und befriedigende Laufbahn. Täusche ich mich nicht, hat bisher kein Diplomat den Weg bis zum obersten Posten in der Berufsdiplomatie in so kurzer Zeit zurückgelegt. Ich hatte zweimal Anfragen für interessante Posten ausserhalb des Bundesdienstes, eine aus der Wirtschaft, die andere von einer internationalen Organisation, aber ich hing zu sehr am Diplomatenberuf, als dass ich ihn hätte aufgeben wollen. Zudem kamen die Anfragen immer, als ich mitten in Verhandlungen stand, und da kam ein Wechsel ohnehin nicht in Frage.

Sie sind Mitglied der Freisinnig-Demokratischen Partei. Die Partei hat sich jedoch nicht besonders um Sie als prominentes Mitglied bemüht. Hat Sie das nicht getroffen?

Nein, ich habe mir eher den Vorwurf gemacht, ich würde mich nicht genug um die Partei kümmern. Ich bin erst spät, 1988, der FDP beigetreten, nicht aus Karrieregründen. Damals war ich schon Botschafter. Verschiedenen liberalen FDP-Politikern und auch dem damaligen Generalsekretär der FDP, fühlte ich mich im politischen Denken schon sehr nahe.

Ich erinnere mich an eine Autofahrt mit Bundesrat Villiger von Bern nach Luzern, wo wir beide vor der Liberalen Partei sprechen sollten. Auf meine Bemerkung: «Wenn schon eine Partei, dann steht mir die FDP am nächsten, obwohl ich in vielen Punkten gar nicht einverstanden bin», meinte Bundesrat Villiger: «Also, Herr Kellenberger, wenn Sie auf zehn Fragen bei sechs oder sieben mit Ja antworten können, ist das o.k.»

Aber Sie verspürten nie die Lust, in die Politik zu gehen?
Nein, absolut nicht. Ich konnte mir nichts Schöneres vorstellen
als die diplomatische Karriere.

Viele nehmen Sie als zurückhaltend, als bescheiden, besonnen, aske-
tisch, eigenwillig wahr – sind das Attribute, die Sie akzeptieren kön-
nen?
Ich sage mir immer, man soll dankbar sein, wenn die Klischees
positiv sind, die über einen zirkulieren. Ich kann damit gut leben.
Als besonders demutsvolle, bescheidene Person sehe ich mich nicht.
Der Verletzlichkeit des Menschen bin ich mir aber tief und jederzeit
bewusst. Es braucht doch ganz wenig, dass man aus einer brillan-
ten Situation in eine ganz schlimme Situation kommen kann. Deshalb finde ich aufgeblasene und arrogante Leute zutiefst lächerlich.

Gibt es auch den Jakob Kellenberger, der einmal richtig emotional
werden kann?
Nein, den gibt es nicht. Ich weiss, die Leute gefallen sich bei der
Aussage, sie seien emotional. Ich finde es nicht sehr schwierig, seinen Gefühlen möglichst freien Lauf zu lassen. Ich finde es – auch
wenn man bewegt ist – weit anspruchsvoller, zu allem, auch zu sich
selbst, einen gewissen Abstand zu halten, der es einem erlaubt, möglichst frei zu urteilen. Beherrschung und Disziplin sind wohl schon
Merkmale, die auf mich zutreffen.

Das Handwerk des Diplomaten

Den *Diplomaten gibt es genauso wenig wie* den *Politiker. Die beiden Berufe sind nicht zu verwechseln, sind nicht einmal ähnlich, obwohl sie von vielen immer wieder in einen Topf geworfen werden. Der Politiker muss in der Öffentlichkeit laut und scharfzüngig auftreten, den Gegnern an den Karren fahren, er muss Botschaften und Verhalten nach seiner Wählerschaft ausrichten, er macht auch einmal Versprechungen, von denen er weiss, dass er sie kaum vollständig wird einhalten können.*

Der Diplomat kann gelassener seinen Weg gehen. Er ist, ob in der Zentrale, als Unterhändler oder auf Aussenposten tätig, Staatsangestellter, und als solcher hat er unaufgeregt, aber beharrlich die Interessen des Landes zu vertreten.

«Ein Diplomat ist ein Mann, der zweimal nachdenkt, bevor er nichts sagt», haben wir von Winston Churchill zu hören bekommen. Das ist schon masslos übertrieben. Diplomaten können bei heiklen Fragen zwar schon einmal vielsagend schweigen, doch grundsätzlich geben sich die meisten gesprächsbereit, stehen ihren Partnern, auch den Medienleuten, offen Red und Antwort. Nicht zuletzt in Hintergrund- und Vieraugengesprächen sind sie oft ergiebige Informationsquellen.

Diplomaten leisten hinter den Kulissen als stille Schaffer wertvolle Arbeit für ihr Land. Ein Einsatz, der von der Öffentlichkeit nur in den wenigsten Fällen wahrgenommen wird. Freilich gibt es hin und wieder auch solche, die übermässig ins Rampenlicht drängen oder auf andere Art aus dem Rahmen fallen und Skandale und Skandälchen verursachen. Übrigens: Die Männer und Frauen auf den Aussenposten spielen die Gastgeberrolle nicht nur für illustre Gäste vorzüglich, es kommt auch vor, dass die Gattin des Botschafters im nigerianischen Lagos kurz vor Mitternacht für Journalisten Spaghetti kocht oder der Geschäftsträger im albanischen Tirana zum Fondueabend lädt.

Diplomatie ist ein ‹Handwerk›, das erlernt sein will, auch das ein Unterschied zum Politiker, der als Amateur oder Halbprofi einsteigt und durch Learning by doing in sein Amt wächst. Eine sorgfältige, spezialisierte Ausbildung hält Jakob Kellenberger für Berufsdiplomaten deshalb als unerlässlich.

Kellenberger trat 1974, kurz nach der Promotion zum Dr. phil. I, in den diplomatischen Dienst der Eidgenossenschaft ein. Zur Diplomatenlaufbahn ermuntert hat ihn u. a. sein Studienkollege Christian Blickenstorfer, heute Botschafter in Berlin.

Kellenberger durchlief die interne Diplomatenausbildung und erlernte den Beruf des Diplomaten auf verschiedenen Vertretungen der Schweiz im Ausland von Grund auf. Die Spitzenpositionen erreichte Kellenberger in sehr kurzer Zeit: 1984 wurde er Minister, 1988 Botschafter und 1992 Staatssekretär und Leiter der Politischen Direktion. 1995 wurde die Rolle des Staatssekretärs als Stellvertreter des Departementschefs nach aussen (z. B. an internationalen Konferenzen) und nach innen (gegenüber den Direktionen und dem Parlament) aufgewertet.

Wie wird man Diplomat?

Was gab den Ausschlag, dass Sie sich für eine diplomatische Karriere entschieden?

Bereits mein Studium war international ausgerichtet, und mein Interesse, im Ausland tätig zu sein, war immer schon da. Einen Teil meines Studiums habe ich in Frankreich und Spanien absolviert. Meine Motivation war aber auch, für mein Land eine nützliche Tätigkeit auszuüben. Ich hatte das Gefühl, dass das, was man in einem Phil.-I-Studium erwerben wird, im Diplomatenberuf gut zu gebrauchen ist.

Sie meldeten sich für den diplomatischen Dienst, bestanden das Auswahlverfahren und durchliefen dann die Diplomatenausbildung. Wie lange dauerte die und was lernten Sie während dieser Schulung?

Die Stagezeit dauert zwei Jahre. Damals bestand das Stage aus einer Periode in Bern, dann folgte eine halbjährige Studienzeit am Institut des Hautes Études Internationales in Genf und ein Jahr als Attaché in einer Botschaft, in meinem Fall war das die Botschaft in Madrid.

Die Stage in Bern dient dazu, das eigene Departement und die Bundesverwaltung kennen zu lernen und auch Einblick in das Zusammenspiel zwischen Verwaltung, Bundesrat und Parlament zu erhalten.

Auf der Botschaft wird man dann intensiv auf all die Tätigkeiten vorbereitet, die ein Diplomat im Ausland zu erfüllen hat. So habe ich mich in Madrid ein paar Monate wirtschaftlichen Angelegenheiten gewidmet, dann politischen und machte erste Erfahrungen im Umgang mit Regierungsstellen.

Am Institut des Hautes Études Internationales in Genf hatten die angehenden Diplomaten die Möglichkeit, in einem Zusatzstudium Kenntnisse in Gebieten zu erwerben, die für die Diplomatie wichtig sind. Ich holte mir vor allem zusätzliches Wissen in Ökonomie und Recht.

Heute beträgt die Stagezeit nur noch ein Jahr: zwei bis drei Monate in Bern, der Hauptteil auf einer Botschaft. Geblieben ist die Schlussprüfung vor der definitiven Aufnahme in den diplomatischen Dienst. Das Aufnahmeverfahren kennt heute mehr Stufen als früher; nach der Prüfung der Bewerbungsdossiers wird nur ein Teil der Bewerber zu den schriftlichen Prüfungen eingeladen.

Haben Sie in dieser Zeit auch Ihre Sprachkenntnisse erweitert und verfeinert?

Es gab keine spezielle Sprachschulung, aber es wurde erwartet, dass jeder seine Sprachkenntnisse individuell verbessert. Wer nicht so gut Französisch sprach, konnte während des halben Jahres in Genf sicher Fortschritte erzielen. Bei gewissen Kandidaten wurde der Auslandort so gewählt, dass sie fehlende Sprachkenntnisse beheben konnten, andere wiederum wurden einer bestimmten Botschaft zugeteilt, weil sie die Sprache des entsprechenden Landes beherrschten. Ich zum Beispiel kam wohl auch deshalb in die Madrider Botschaft, weil ich mit Spanien, seiner Kultur und Sprache ziemlich vertraut war.

Ist der Andrang zum Diplomatenberuf gross?

Die Zahl der Bewerbungen ist heute grösser als zu meiner Zeit, obwohl die Attraktivität des Berufes eher abgenommen hat. In den siebziger Jahren gab es viel mehr offene Stellen ausserhalb der Verwaltung, es herrschte Hochkonjunktur. Aber die Selektion war im Vergleich zu andern Berufen schon damals streng.

Welche Eigenschaften halten Sie bei einem Diplomaten für unerlässlich?

Für einen Diplomaten ist es wichtig, dass er sich in die Lage des andern versetzen kann, dass er sehr gut zuhören und sich auch gut ausdrücken kann. Er muss vor allem eine klare Vorstellung von dem haben, was für das eigene Land im jeweiligen Zeitpunkt wichtig ist. Seine Aufgabe ist es ja, die Interessen seines Landes wirkungsvoll zu vertreten.

Der Diplomat sollte im positiven Sinne neugierig sein. Er sollte sich für alles interessieren, was im Gastland vor sich geht, denn er muss dort nicht nur die Interessen des eigenen Landes vertreten, es wird von ihm auch erwartet, dass er der eigenen Regierung möglichst objektiv berichtet, was er beobachtet und erlebt. Auch die Bereitschaft, sich ständig weiterzubilden, immer Neues zu lernen, sollte stark ausgeprägt sein.

Wie wichtig ist das Parteibuch, um Karriere zu machen?
Das war zu meiner Zeit unbedeutend, und ich denke, es ist auch
heute noch so. Die Diplomatie war innerhalb der Beamtenschaft die-
jenige Domäne, wo die Parteizugehörigkeit kaum eine Rolle spielte.

*Eine Zeit lang traten einige Quereinsteiger in den diplomatischen
Dienst ein? Was halten Sie davon?*
Es waren allerdings immer sehr wenige. In meiner Zeit als Staatssekretär waren es drei, die als Botschafter im Ausland tätig waren,
heute übrigens niemand. Ich anerkenne, dass es Situationen geben
kann, wo die geeignetste Person für einen Posten nicht im Diploma-
tenkader zu finden ist. Aber das ist doch sehr selten. Ich muss unterstreichen: Diplomat ist ein Beruf, der gelernt sein will, und keine
Amateurbeschäftigung. Es ist ein grosser Irrtum zu meinen, es könne
jeder die Aufgabe eines Diplomaten übernehmen.

Haben diese drei Quereinsteiger ihre Sache nicht so gut gemacht?
Das habe ich weder gesagt noch angedeutet. Die Bemerkung ist
grundsätzlicher Natur, bezieht sich also nicht auf einzelne Personen.
Aus den genannten Gründen bedarf die Einstellung von Quereinstei-
gern immer einer besonderen Legitimation. Das leuchtet ein, wenn
man akzeptiert, dass Diplomat ein Metier ist, das gelernt sein will.

*Attaché, Botschaftssekretär, Botschaftsrat, Botschafter – das sind
Bezeichnungen, welche die meisten Leute nicht einordnen können.*
Es sind Hierarchiestufen. Die unterste Stufe ist der Attaché, dann
folgt der 3. Botschaftssekretär, der 2. Botschaftssekretär, der 1. Bot-
schaftssekretär, dann der Botschaftsrat, der kann je nach Grösse der
Botschaft den Titel des Ministers tragen, die nächste Stufe ist der
Botschafter und schliesslich der Staatssekretär. Entscheidend für die
Aufgaben in einer Botschaft sind die Grösse und die Wichtigkeit der
Vertretung. In einer kleinen Botschaft kann ein 3. Botschaftssekre-
tär sehr wohl gleiche Aufgaben wahrnehmen wie ein Botschaftsrat
in einer grösseren Botschaft. Die Hierarchiebezeichnung ist nicht
unbedingt identisch mit der Funktion, mit dem Dossier.
Ich denke, in den grösseren Botschaften hat der Minister als Stellvertreter
des Botschafters oft kein spezielles Dossier mehr. Es gibt eine ganze
Anzahl von Botschaften, in denen es neben dem Botschafter nur

noch einen Diplomaten gibt –, das kann ein Botschaftssekretär sein oder ein Botschaftsrat, und der ist dann normalerweise ein Generalist, hat sich also mit fast allen Fragen zu befassen.

In den grossen Botschaften dagegen sind die Diplomaten spezialisiert, so wie ich es in Brüssel oder in London war. Hätte ich aber z. B. in Caracas oder in Bogotá gearbeitet, dann wäre ich ein Generalist gewesen. Eine Botschaft kann auch von einem Geschäftsträger geführt werden.

Wir haben immer nur von Botschaftern gesprochen, also von männlichen Diplomaten. Frauen gibt es in diesem Beruf nur wenige. Wie erklären Sie sich das?

Zum einen melden sich weniger Frauen als Männer für den diplomatischen Dienst, zum andern gibt es bei Frauen mehr Austritte als bei Männern. Der Frauenanteil war aber früher noch bedeutend kleiner als heute. Das erklärt zu einem Teil die heute geringe Zahl von Frauen auf Botschafterposten, denn die Botschafterstufe erreicht man in der Regel erst nach 20 bis 25 Dienstjahren.

Die Bemühungen des EDA, mehr Frauen für den Diplomatenberuf zu gewinnen, sind ernst zu nehmen und sie werden, davon bin ich überzeugt, auch erfolgreich sein. Ich habe mich auch schon gefragt, wieweit der Diplomatenberuf, der doch das ganze Leben dem Beruf unterordnet, den Ansprüchen vieler Frauen nach einem möglichst reichhaltigen und vielfältigen Leben mit Familie und Kindern entspricht.

Neben der diplomatischen Karriere gibt es eine konsularische, und da steht zuoberst der Konsul.

Die konsularische Laufbahn ist eine Verwaltungslaufbahn. In der Regel haben die Angehörigen des konsularischen Dienstes eine kaufmännische Ausbildung. Im Unterschied zur diplomatischen Laufbahn ist der Abschluss eines Hochschulstudiums keine Zulassungsvoraussetzung.

Der Konsul kann entweder in der Botschaft die Verwaltung leiten oder Chef eines Konsulats sein, das sich in einer andern Stadt befindet als die Botschaft. Die Konsulate sind aber der Botschaft im entsprechenden Land unterstellt. Der Konsul kümmert sich vor allem auch um die Anliegen der Landsleute.

Ist die Konkurrenz und das Gerangel um die Botschafterposten gross?

Es ist wie überall, natürlich möchten auch Diplomaten in der Hierarchie aufsteigen. Lange Zeit endete die Karriere fast automatisch mit dem Botschafterrang, aber heute ist das nicht mehr so. Nicht jeder junge Diplomat kann damit rechnen, einmal Botschafter zu werden. Er muss sich unter Umständen damit zufrieden geben, seine Karriere mit den Titeln Botschaftsrat oder Minister zu beenden. Natürlich ist der Run auf die Leitung von grossen oder prestigeträchtigen Botschaften wie Brüssel/EU, Washington, Berlin, London, Moskau, Paris, Rom oder Madrid besonders gross.

Wie stark darf ein Botschafter in der Öffentlichkeit auch als Werber und Marketingmanager für sein Land auftreten?

Von einem Botschafter und von jedem andern Diplomaten wird erwartet, dass er in seinen öffentlichen Auftritten im Gastland die Interessen der Schweiz wirkungsvoll vertritt, z. B. wenn es darum geht, unser Land als Investitions- oder Tourismusstandort zu fördern. Er soll dies auch mit modernen Kommunikationsmitteln tun, aber natürlich ist nicht jedes Mittel recht. Von einem guten Diplomaten wird deshalb auch Mass und eine gewisse Zurückhaltung erwartet, vor allem, was seine eigene Person betrifft. Es muss stets um das Land gehen, die eigene Person muss zurückstehen.

Die Kunst des Verhandelns

Spannend wird es für den Diplomaten, wenn er für sein Land Verhandlungen führen kann. Wer entscheidet, wann ein Gegenstand verhandlungsreif und Kontakt mit dem Partner aufzunehmen ist?

Den formellen Entscheid für die Verhandlungsaufnahme fällt der Bundesrat. Die Vorschläge für das Verhandlungsmandat kommen aus der Verwaltung.

Wer erteilt den Auftrag, den Startschuss für Verhandlungen?

Vor einer formellen Verhandlung finden normalerweise Erkundungsgespräche statt, welche die Gesprächspartner nicht binden. In diesen Gesprächen wird in groben Zügen das Verhandlungsterrain abgesteckt. Die formelle Verhandlung beginnt damit, dass der Bundesrat für die Unterhändler ein Verhandlungsmandat verabschiedet. In diesem Mandat sind die wesentlichen Ziele enthalten, welche die Unterhändler anzustreben haben. Darin ist aber auch festgehalten, was man auf keinen Fall preisgeben will.

Die Autoren des Vorschlages für ein Verhandlungsmandat sind in der Regel die Unterhändler, sie sind mit den Einzelheiten der Materie am besten vertraut. Sie arbeiten den Vorschlag für das Verhandlungsmandat aus und legen ihn dem Bundesrat vor. Der Bundesrat kann den Vorschlag zurückweisen oder ändern. Beides geschah zu meiner Zeit eher selten.

Wie bereitet sich ein Unterhändler auf die Verhandlungsgespräche vor?

Der Unterhändler muss die Materie restlos beherrschen und klare Zielvorstellungen haben. Zu klaren Zielvorstellungen gehört ein ausgeprägter Sinn für Prioritäten. Es sind ja nicht alle Ziele gleich bedeutend, und man kann in der Regel auch nicht alle erreichen. Für mich war auch der Grundsatz wichtig: Damit eine Verhandlung gelingen kann, muss sie scheitern dürfen. Ich habe mir stets drei Fragen gestellt: 1. Welches Ziel muss ich unbedingt erreichen? 2. Welche Konzession mache ich auf keinen Fall? 3. Wo habe ich Spielraum und wie nütze ich ihn zur Erreichung der wichtigsten Ziele?

Wie werden die Zusammensetzung und die Grösse der Delegationen bestimmt?

Die Leiter von Verhandlungsdelegationen werden vom Bundesrat ernannt, meist auch die Mitglieder. Die personelle Zusammensetzung ergibt sich zum grössten Teil aus dem Verhandlungsgegenstand, denn es ist klar, dass die betroffenen Bundesämter vertreten sein müssen, und zwar mit Köpfen, die über das nötige Expertenwissen verfügen. Im Verhandlungsmandat, das dem Bundesrat eingereicht wird, wird festgelegt, welche Ämter an den Verhandlungen vertreten sein sollen.

Wie eng wird das Verhandlungsmandat umschrieben?

Wie gesagt, der Vorschlag für das Verhandlungsmandat wird im Grundsatz von den Unterhändlern und den zuständigen Dienststellen ausgearbeitet, und die werden vor allem in jenen Punkten ein möglichst präzises Mandat verlangen, bei denen sie sich nicht ganz im Klaren sind, welche Position die politische Führung einnimmt, wo ein politischer Entscheid jedoch unerlässliche Voraussetzung für Verhandlungen ist. Ein Beispiel aus den Bilateralen Verhandlungen I mit der EU: Die Höhe der Schwerverkehrsabgabe oder die Übergangszeiten in der Personenfreizügigkeit waren damals ein enormes Politikum. In solchen Fällen habe ich beim Bundesrat stets auf möglichst präzise Stellungnahmen gedrängt. Die Unterhändler werden im Entwurf des Verhandlungsmandats auch ausdrücklich sagen, wo sie einen gewissen Verhandlungsspielraum erwarten, im Austausch gegen was ihnen Konzessionen denkbar erscheinen.

Wer legt den Verhandlungsort und die Traktandenliste fest?
Das sind die Chefunterhändler der beiden Parteien.

Gelten bei Verhandlungen bestimmte Sitzordnungen?
Nein, aber es ist die Regel, dass sich die beiden Delegationschefs gegenübersitzen.

Gibt es bestimmte Verhandlungstechniken, die unbedingt anzuwenden sind?
Es gibt wohl kein Schema, das für jede Verhandlung gültig sein kann. Die Art der Verhandlungsführung hängt sehr vom Temperament des Unterhändlers ab. Ich war immer darauf bedacht, den andern seine Position möglichst genau erklären zu lassen, damit ich ein Bild bekam, welche Ziele er verfolgt und wo er die Prioritäten setzt. Es gibt Menschen, die in Verhandlungen Dinge möglichst lange nicht direkt ansprechen, auch die eigenen Interessen nicht klar formulieren, sondern das Thema umkreisen und die wirklichen Motive verbergen. Mein Stil war und ist dies nicht. Ich bringe die Forderungen ohne Umschweife vor und versuche nicht, die dahinter liegenden Interessen zu verbergen. Ich glaube, das ist vertrauensbildender, als wenn man seine Ziele kaschiert.

Wenn sich ein Unterhändler unklar und schwammig ausdrückt, denkt das Gegenüber unter Umständen, der Gesprächspartner sei sich über die eigenen Ziele nicht im Klaren oder habe Angst, zu diesen zu stehen.

Wie agieren Sie, wenn Sie auf einen treffen, der nicht klar sagt, was er will?

Dann dränge ich hartnäckig auf eine klare Position, frage und frage, bis er seine Absichten deutlich genug gemacht hat.

Was ist wichtig für den Erfolg?

Für den Erfolg ist wichtig, dass es gelingt, ein Klima des Wohlwollens und des gegenseitigen Vertrauens zu schaffen. Wenn man ein gutes Klima schafft, kann man ohne Schaden sehr hart seine Interessen vortragen. Wer hingegen ein Klima des Misstrauens erzeugt oder den Partner unnötig beleidigt, kann nachher, wenn wieder Ruhe eingekehrt ist, noch so nett seine Forderungen vorbringen – er wird nicht erfolgreich sein. Sie werden nie Schaden anrichten, wenn Sie hart verhandeln, aber Sie werden ungeheuren Schaden anrichten, wenn Sie in einer Verhandlung Menschen beleidigen oder sich gehen lassen. Ich habe erlebt, dass sich Leute gehen liessen und damit viel Geschirr zerschlugen. Standhaftigkeit und Ausdauer sind für den Erfolg von Verhandlungen wichtig. Zu harmoniebedürftige oder beifallssüchtige Menschen eignen sich nicht für schwierige Verhandlungen.

Wenn ich Sie richtig verstanden habe, ist der Kompromiss nicht immer erstrebenswert.

Nicht immer, richtig. Wenn man sieht, dass man seine Hauptverhandlungsziele nicht erreichen kann, muss man einen Abbruch der Verhandlungen ernsthaft ins Auge fassen. Die Gefahr besteht, dass für Unterhändler nach langen Verhandlungen Ergebnisse akzeptabel erscheinen, die zu weit von den ursprünglichen Verhandlungszielen entfernt sind. Die Ziele darf man deshalb nie aus den Augen verlieren. Das Ergebnis einer Verhandlung ist nach diesen zu bewerten.

Gibt es während Verhandlungen noch Kontakte mit den politischen Behörden, um neue Instruktionen zu holen?

Das gibt es, aber es ist selten. In einem gut vorbereiteten Verhandlungsmandat sind die verschiedensten Situationen bereits berücksichtigt. Aber in der letzten Verhandlungsnacht der Bilateralen I z.B. hatte ich noch einen Kontakt mit dem Bundesrat.

Man hat den Eindruck, Verhandlungen würden oft absichtlich endlos ausgedehnt, bis spät in die Nacht, um den Gegner zu zermürben und ihn zum Nachgeben zu bewegen.
Die EU-Agrarminister-Räte haben tatsächlich den Ruf, alles in der Nacht oder am frühen Morgen zu entscheiden. Ich glaube schon, dass es Leute gibt, die denken, dass das geschickt ist. Erfahrene Unterhändler kennen diese Tendenz und verbrauchen ihre Reserven nicht vorzeitig. Sie organisieren sich so, dass sie frisch sind, wenns draufankommt. Eine gute körperliche Verfassung, regelmässiger Sport, sind hilfreich. Verhandlungen werden oft auch aus innenpolitischen Gründen in die Länge gezogen, damit die Verhandlungsdelegationen sagen können: «Seht, wir haben bis zum Umfallen gekämpft!» Dabei war das Ergebnis vielleicht schon Tage oder Stunden vorher klar. Es gibt die tatsächlichen Verhandlungen und es gibt die kommunikative Inszenierung der Verhandlungen. Man hält die beiden mit Vorteil auseinander.

Wird auch während Mittag- oder Abendessen verhandelt?
Manchmal schon. Ich habe das gar nicht gern. Ich will entweder verhandeln oder essen. Wird während des Essens verhandelt, esse ich meistens nicht. Mein Partner bei den ‹Bilateralen›, EU-Generaldirektor Lamoureux, war glücklicherweise der gleichen Meinung, wir haben entweder verhandelt oder eben gegessen.

Wie führt man Verhandlungen aus der Blockade, wenn sie festgefahren sind?
Ich finde es alles andere als intelligent zu drängeln, dem andern zu signalisieren, man wolle möglichst rasch ein Ergebnis erzielen. Damit begibt man sich unnötig in die Lage des Bittstellers und schwächt die eigene Verhandlungsposition. Ein guter Unterhändler erträgt Phasen der Unsicherheit und Unbestimmtheit ohne weiteres. Ich lehne mich in solchen Phasen etwas zurück und warte, wie sich Fühlen und Denken entwickeln, und in einigen Tagen oder in ein paar Wochen kann man weitermachen.

Kommt es in schwierigen Situationen manchmal auch zu Vieraugen-Gesprächen zwischen den Verhandlungsleitern, um die Blockade zu überwinden?

Ja, das ist so. Wir haben in den Bilateralen I mit der EU vier Jahre verhandelt, und in der letzten Verhandlungsnacht haben der EU-Chefunterhändler Lamoureux und ich zuerst anderthalb Stunden unter vier Augen gesprochen. In diesem Tête-à-tête haben wir einander klar gemacht, wo für beide die Limiten sind.

Wer entscheidet, wann eine Verhandlung unterbrochen oder abgebrochen wird?
Einen Unterbruch kann im Prinzip der Unterhändler anordnen. Ein Abbruch ist eine politische Entscheidung, die muss die vorgesetzte politische Behörde fällen.

Es gibt bei Verhandlungen verschiedene Stufen bis zur Unterzeichnung. Welche sind das?
Sind die formellen Verhandlungen abgeschlossen und die Texte bereinigt, erfolgt die Paraphierung durch die Unterhändler. Damit bringt man zum Ausdruck, dass man mit dem Wortlaut der ausgehandelten Texte einverstanden ist. Nachher muss der Vertrag durch die zuständige politische Behörde (in der Schweiz der Bundesrat) genehmigt werden, dann wird er unterzeichnet, in der Schweiz durch einen Vertreter des Bundesrates. Darauf müssen die Verträge vom Parlament und evtl. vom Volk genehmigt werden. Schliesslich folgt die Notifikation der Ratifikation durch die Regierung, das heisst, dass die innerstaatlichen Genehmigungsverfahren abgeschlossen sind und der Vertrag in Kraft treten kann.

Ist Ihnen ein eindrücklicher Moment bei Verhandlungen noch besonders in Erinnerung?
Ein Erlebnis ist mir noch gut in Erinnerung: In der letzten Verhandlungsnacht der Bilateralen I, nach vierjährigen Verhandlungen, verlangte die EU von mir gegen Mitternacht, ich solle bei der Einfuhr von Äpfeln und andern Früchten ausserhalb der Erntezeit noch Konzessionen machen, gewisse Mitgliedländer legten darauf grossen Wert und es bestehe die Gefahr, dass man ohne ein kleines Entgegenkommen meinerseits nicht abschliessen könne. Ich lehnte diese Forderung strikte ab, weil ich das Verhandlungsergebnis im Landwirtschaftssektor für ausgewogen hielt und deshalb zu keinen weiteren Konzessionen bereit war. Schon früher hatte ich in Bern und

Brüssel deutlich gemacht, ich sei nicht bereit, mit zusätzlichen schweizerischen Landwirtschaftskonzessionen für EU-Konzessionen in der Luftfahrt zu bezahlen. Die Schweiz hatte meines Erachtens im Strassenverkehr genug Entgegenkommen gezeigt, um auf die fünfte und siebte Freiheit in der Luftfahrt Anspruch zu haben. Ich ging mit meiner Härte das Risiko ein, dass die Verhandlungen nach vier Jahren nicht abgeschlossen werden konnten, weil ich relativ kleine Konzessionen verweigerte. Die EU liess die Forderung glücklicherweise fallen.

Nach anstrengenden Verhandlungen besteht für viele sicher auch der Wunsch nach Zerstreuung. Vergnügen sich Delegationsmitglieder gelegentlich auch im Nachtleben der Metropolen?

Aus den Delegationen, die ich geleitet habe, sind mir keine solchen Bedürfnisse bekannt. Wir gingen höchstens zusammen essen, sassen noch eine Weile zusammen und tranken ein Glas Wein. Ich rauchte nach einer Verhandlungsrunde immer gerne eine Pfeife. Die Lust auf den nächtlichen Ausgang ist wohl bei den meisten äusserst gering, denn nach einem langen Verhandlungstag sind doch alle recht müde, und oft wird noch in der gleichen Nacht der Bericht für Bern verfasst.

Wie fühlt sich ein Unterhändler, wenn ein Ergebnis von den Stimmbürgern nicht akzeptiert wird, wie das bei der Abstimmung über den Europäischen Wirtschaftsraum EWR geschah?

Für mich ist dies kein Drama. Die direkte Demokratie mit den Instrumenten des fakultativen oder obligatorischen Referendums gehört zur Schweiz. Ich kann nachvollziehen, dass eine Mehrheit der Abstimmenden unter Umständen etwas ablehnt, das ich selber als ein gutes Ergebnis betrachte. Die Perspektiven können verschieden sein und auch die Einflüsse, denen die Einzelnen ausgesetzt sind. Aber selbstverständlich ist ein Unterhändler in einem solchen Fall enttäuscht.

Ich nahm mir bei den Bilateralen I vor, nur Abkommen auszuhandeln, die vor Volk und Ständen eine echte Chance haben, und brachte dies auch immer klar zum Ausdruck. Bei den Verhandlungen über die Personenfreizügigkeit zum Beispiel war mir von Anfang an klar, dass es innenpolitisch wichtig war, in den Zugeständnissen weniger weit zu gehen als im abgelehnten EWR. Insbesondere war der automatische Übergang zur vollen Freizügigkeit zu vermeiden. Wenn man sich mit dem politischen System der Schweiz identifiziert, und ich tue das, auch wenn mir die Ergebnisse nicht immer gefallen, dann kann ein Nein des Volkes kein Drama sein. Der Unterhändler sollte in den Verhandlungen die Besonderheiten der direkten Demokratie immer im Auge behalten.

Acht Jahre lang waren Sie Staatssekretär und Leiter der Politischen Direktion, im Vergleich mit andern ist dies eine eher lange Zeit. Welche Aufgaben standen neben den Verhandlungen mit der EU im Vordergrund?

Der Staatssekretär ist als Nummer 2 des Departementes Stellvertreter des Departementchefs, gegen innen und gegen aussen. Er vertritt den Aussenminister, die Aussenministerin, zum Beispiel an Ministerkonferenzen. 1995 wurde seine Stellung im EDA im Rahmen einer Departementsreform weiter gestärkt. Er erhielt neu das Weisungsrecht gegenüber den andern Direktionen, während er vorher Primus inter pares war. Und schliesslich leitet der Staatssekretär selber eine Direktion, nämlich die Politische Direktion, was den grössten Teil seiner Arbeit ausmacht. In der Politischen Direktion werden die aussenpolitischen Positionen der Schweiz zu verschiedenen Themen und gegenüber verschiedenen Ländern erarbeitet. Neben Grundsätzlichem müssen auch viele Einzelfragen behandelt werden wie Stellungnahmen zur Ausfuhr von Kriegsmaterial in bestimmte Länder oder zu Visabegehren für umstrittene Persönlichkeiten. Zu den Einzelfragen gehörten z. B. auch: Wie soll sich die Schweiz verhalten, wenn die Staatengemeinschaft oder eine Staatengruppe Sanktionen gegen ein Land verhängt? Welche Bedingungen müssen erfüllt sein, um Staaten militärische Überflüge zu gestatten?

Der Staatssekretär ist aber auch strategisch-konzeptuell gefordert. Der Bericht des Bundesrates über die Aussenpolitik der Schweiz in den neunziger Jahren vom 29. November 1993 wurde z. B. unter meiner Leitung und der meines persönlichen Mitarbeiters Peter Maurer (heute Botschafter bei der UNO in New York) vorbereitet. Andere Direktionen des Departements und andere Departemente arbeiteten dabei intensiv mit. Zu meiner Zeit hatte der Staatssekretär auch die Jahresschwerpunkte in der Tätigkeit des Departementes vorbereitet

– in Zusammenarbeit mit den Direktionen – und diese dem Departementschef vorgeschlagen.

Was haben Sie lieber gemacht, verhandelt oder konzeptuell gearbeitet?

Ich bin am glücklichsten, wenn ich beides machen kann, auch im IKRK. Auf der einen Seite bin ich ein Mann des Terrains, ich gehe gerne in Konfliktgebiete zu Gesprächen, so wie ich auch als Staatssekretär gerne verhandelt habe, anderseits geniesse ich es auch, Tage zu haben, an denen ich in Ruhe analytisch-konzeptuell arbeiten kann. Um ein Bild zu verwenden: im Strom der Aktion sein und dann ab und zu ans Ufer des Stroms sitzen und über das Geschehen, das eigene Tun, die kommenden Aufgaben nachdenken. Aktion und Reflexion befruchten sich gegenseitig.

Schweizer Unterhändler in Europa

Der drahtige Mann mit dem Bart fiel mir sofort auf. Ich begegnete ihm ab und zu, wenn er in Gedanken versunken durch die langen Korridore des Bundeshauses hastete. War er auf gleicher Höhe, grüsste er freundlich. Ich wusste anfänglich nicht, wer er war, doch da ich mich neben innenpolitischen Themen zunehmend mit den Beziehungen der Schweiz zu Europa beschäftigte, kam ich mit ihm, der damals Chef des Integrationsbüros war, in beruflichen Kontakt, traf ihn auch immer wieder auf seinen Verhandlungsreisen in die EU-Metropolen. Kellenberger – ein rastloser Schaffer mit Leib und Seele – wirkte auf mich überhaupt nicht weltmännisch, er passte nicht ins Bild des geschliffenen Diplomaten. Er schien mir in seinem ganzen Wesen anders als seine Kollegen. Ich begegnete einer Persönlichkeit, die mich zunehmend interessierte.

Kellenberger gab zwar geduldig Interviews, doch er war gegenüber Medienleuten zurückhaltend. Er verstand deren Newshunger und deren ständige, oft aufdringliche Präsenz nicht ganz. Einmal sagte er mir am Frühstückstisch im Hotel Metropole in Brüssel: «Es wundert mich, dass Sie hergereist sind, es gibt doch heute gar nicht viel zu berichten.» Ich weiss nicht mehr, was verhandelt wurde, für uns war der Anlass jedenfalls wichtig genug, um dabei zu sein.

Jakob Kellenberger ist einer der massgebenden Baumeister der europapolitischen Integration der Schweiz. Einen Namen in der Öffentlichkeit machte er sich als stellvertretender schweizerischer Chefunterhändler in den EWR-Verhandlungen zwischen der Europäischen Freihandelsassoziation EFTA und der EG und besonders als Koordinator und Chefunterhändler der sog. Bilateralen I. Das Thema Europa beschäftigte den Spitzendiplomaten bereits am Anfang seiner Karriere: auf den Botschaften in Brüssel und London, dann vor allem als Chef des Integrationsbüros, das für die Beziehungen zur EU und zur EFTA zuständig ist.

Europapolitik – lange Zeit Stiefkind

Am 1. Januar 1973 traten die Freihandelsabkommen mit der Europäischen Wirtschaftsgemeinschaft EWG und der Europäischen Gemeinschaft Kohle und Stahl in Kraft. Danach war die europäische Integration im Bundesrat lange Zeit, bis Ende der achtziger Jahre, kein Thema mehr. Warum wurde das Thema derart vernachlässigt?

Die Aufmerksamkeit hat sich eben eine Zeit lang auf die Durchführung dieser beiden Abkommen konzentriert, die vorsahen, dass die Industriezölle stufenweise abgebaut werden.

1984 wurden die letzten Industriezölle beseitigt, jetzt überlegten sich die Schweiz und die andern EFTA-Staaten*, wie sie die Zusammenarbeit mit der EG** pragmatisch weiter ausbauen könnten. Diesen Entschluss fassten die EG- und EFTA-Staaten 1984 in Luxemburg.

Darauf prüften Experten der EFTA-Länder und der EG-Kommission neue Möglichkeiten der Zusammenarbeit auf 15 Gebieten. Die Schweiz führte auch ausserhalb dieses so genannten Luxemburger Folgeprogramms Verhandlungen.

Sie waren in dieser Zeit hauptsächlich auf unseren Botschaften in Madrid und London und in der Mission bei der EG in Brüssel tätig. Hatte man im Ausland damals Verständnis für das geringe Interesse der Schweiz an der Europäischen Gemeinschaft?

Damals war die Zurückhaltung der Schweiz kein wichtiges Thema, man akzeptierte, dass sich unser Land auf die Freihandelsabkommen und sektorielle bilaterale Abkommen konzentrierte und machte sich wenig Gedanken über einen möglichen EG-Beitritt.

---

* Zur 1960 gegründeten Europäischen Freihandelsassoziation EFTA (European Free Trade Association) gehörten damals Portugal, Schweden, Finnland, Norwegen, Österreich, die Schweiz, Island.

** Bis 1992 bestand die Europäische Gemeinschaft EG aus der Gemeinschaft für Kohle und Stahl (1952), der Europäischen Wirtschaftsgemeinschaft EWG (1958) und der Europäischen Atomgemeinschaft (1958). Deshalb sprach und spricht man oft in der Mehrzahl von den Europäischen Gemeinschaften. 1993 trat der Vertrag über die Europäische Union in Kraft und seither nennt sich die EG Europäische Union EU.

Was gab den Anstoss, dass das Europathema dann doch wieder auf die politische Agenda kam?

Es waren verschiedene Ereignisse. Die EG hatte Mitte der achtziger Jahre das grosse Binnenmarktprogramm beschlossen, worauf sich die EFTA-Staaten sorgten, trotz Freihandelsabkommen könnte sich zwischen ihnen und dem Binnenmarkt ein Graben auftun. Deshalb wollten sie weitere Abkommen abschliessen.

In der Schweiz publizierte der Bundesrat 1988 einen Bericht über die Stellung der Schweiz im europäischen Integrationsprozess (er entstand unter meiner Leitung als Chef des Integrationsbüros), und in diesem Bericht analysierte der Bundesrat die verschiedenen Alternativen zur bisher geltenden Zusammenarbeit mit der EG. Der Bericht hatte sich auch ernsthaft mit dem Verhältnis zwischen Unabhängigkeit und Neutralität auseinander gesetzt. Ich glaube nicht, dass es vorher je eine so offene Auseinandersetzung mit den verschiedenen Fragen gegeben hat, die sich für die Schweiz im europäischen Integrationsprozess stellten. Der Bericht spricht sich für die Fortsetzung der bisherigen Integrationspolitik aus. Das Interessante und wirklich Neue am Bericht ist, dass der Bundesrat den EG-Beitritt als einzige entscheidende Alternative zum beschlossenen Weg bezeichnete. Er räumte auch ein, dass der Verzicht auf den EG-Beitritt einen zunehmenden institutionellen Preis hat. In dem Mass, in dem die EG ihre Zuständigkeiten und den Mitgliederkreis erweiterte, werde die Schweiz stärker durch die EG-Entscheide betroffen und der Druck, diese Entscheide nachzuvollziehen, nehme zu. Mit andern Worten: Die fehlende Mitentscheidungsmöglichkeit der Schweiz in der EG, welche allein ein Beitritt garantiert, erweise sich als zunehmender Nachteil.

Auf den Inhalt dieses Berichts hatten Sie als Chef des Integrationsbüros wesentlichen Einfluss.

Das ist so. In der Schlussdiskussion kamen allerdings Sätze hinein, die ich noch heute unglücklich finde.

Die EFTA wurde Mitte der achtziger Jahre unbedeutender; Spanien und Portugal traten 1986 der EG bei – die EFTA wollte in irgendeiner Weise vom europäischen Binnenmarkt profitieren und suchte eine Annäherung an die EG. Also bewegte man sich auch in Bern.

1989 machte EG-Kommissionspräsident Jacques Delors den Vorschlag, die EG solle mit den EFTA-Staaten eine neue institutionell strukturierte Form von Assoziationsabkommen abschliessen mit gemeinsamen Beschluss- und Verwaltungsgremien. Das war der Auslöser der EWR-Verhandlungen.

Wenn man später einmal die Archive durchforstet, wird man feststellen, dass man in Bundesbern der EWR-Idee anfänglich mit erheblicher Skepsis begegnete, ich eingeschlossen. Aber es hat sich dann doch die Meinung durchgesetzt, auf das Angebot einzutreten. Ein anderes Verhalten wäre innenpolitisch kaum verstanden worden, die andern EFTA-Länder drängten, der Vorschlag hatte interessante Aspekte. Die Schweiz fand, mehr noch als die andern EFTA-Partner, die 1989 in Aussicht gestellten gemeinsamen Beschlussorgane verlockend. Dieses Verhandlungsziel konnte, wie wir wissen, schliesslich nicht erreicht werden, was sich übrigens schon nach der Verabschiedung des EG-Verhandlungsmandates deutlich abzeichnete.

Welche Bundesräte waren für eine rasche umfassende Annäherung an die EG, welche nicht?

Die Idee des EWR wurde meines Wissens von allen befürwortet und im Parlament begrüsst.

Aber es gab schon damals Bundesräte, etwa Jean-Pascal Delamuraz und René Felber, die klar den EG-Beitritt befürworteten.

Als Chef des Integrationsbüros war ich mit den Bundesräten Delamuraz und Felber viel unterwegs. Sie waren beide selbstbewusste Schweizer und gestaltungsfreudige Europäer und konnten sich gerade deshalb eine Schweiz als EG-Mitglied ohne Mühe vorstellen. Sie konzentrierten sich aber, wie wir alle, vorerst auf die EWR-Verhandlungen.

Der EWR – unbefriedigende Übergangslösung

Der EU-Beitritt war jetzt zwar ein Szenario des Bundesrates, trotzdem aber sollte die Schweiz zunächst Mitglied des Europäischen Wirtschaftsraumes EWR werden. Warum wurde so viel Kraft auf Verhandlungen verwendet, von denen man wusste, dass sie äusserst hart werden würden und längerfristig doch der Beitritt angestrebt würde?

1989 war der EG-Beitritt kein Ziel des Bundesrates. Der Gedanke, einen Vertrag zwischen der EG und den EFTA-Ländern über den Europäischen Wirtschaftsraum EWR mit gemeinsamen Beschluss- und Verwaltungsorganen zu zimmern, war attraktiv. Es hat sich in den Verhandlungen dann allerdings früh und immer deutlicher gezeigt, dass die EG nicht bereit war, gemeinsame Beschlussorgane einzurichten, und gleichzeitig darauf bestand, dass die EFTA-Länder das EWR-relevante EG-Recht übernahmen.

Das Dilemma war, dass der Vertrag wirtschaftlich akzeptabel war, politisch-institutionell aber überhaupt nicht befriedigte, was der Bundesrat nach Abschluss der EWR-Verhandlungen auch klar ausgedrückt hat. Später wurde dem Bundesrat zum Vorwurf gemacht, dass er das Gesuch für Beitrittsverhandlungen mit der EG vor der EWR-Abstimmung gestellt hat. Das war für mich nicht die entscheidende Frage. Die viel relevantere Frage wurde nie oder selten gestellt: Hätte man dieses Verhandlungsergebnis, das im Institutionell-Politischen sehr weit von den ursprünglichen Verhandlungszielen entfernt war, nicht ablehnen sollen? Der Bundesrat war vom Ergebnis nur teilweise befriedigt, nämlich nur vom wirtschaftlichen Teil, deshalb kam für ihn der EWR als eine längerfristig tragfähige Grundlage für die Beziehungen zur EG nicht mehr in Frage, auch für mich nicht.

Die Frage, die sich tatsächlich stellte, war: Soll man das EWR-Abkommen überhaupt nicht unterzeichnen oder soll man es zurückstufen zu einer Übergangsregelung im Hinblick auf den EG-Beitritt? Der Bundesrat hat im Herbst 1991 den Beitritt als neues Ziel festgelegt und am 20. Mai 1992 das Gesuch um Aufnahme von Beitrittsverhandlungen zur EG eingereicht. Darauf habe ich persönlich in voller Überzeugung hingewirkt.

Sie erachten es also nicht als einen Fehler, dass das Beitrittsgesuch vor der Abstimmung eingereicht wurde?
Nein – wenn es 1991/92 einen Fehler gab, dann war es die Annahme des EWR-Verhandlungsergebnisses. Das springt für jeden ins Auge, der die ursprünglichen Verhandlungsziele mit den Resultaten vergleicht. Aber innenpolitisch wäre die Ablehnung nicht verstanden worden. Im Bericht über einen Beitritt der Schweiz zur Europäischen Gemeinschaft vom 18. März 1992 hat der Bundesrat vier Gründe für den EG-Beitritt als Zielsetzung angegeben. Es sind auch im Rückblick überzeugende Gründe. Die Lehren aus den EWR-Verhandlungen waren übrigens einer der Gründe.

Der Wille, bei der nächsten EU-Regierungskonferenz, wo die Weichen für wichtige Entwicklungen gestellt werden sollten, als Vollmitglied mitentscheiden, im gleichen Zeitraum wie Schweden, Österreich und Finnland Beitrittsverhandlungen führen zu können, war ein wichtiger Grund für die Wahl des Zeitpunktes für die Einreichung des Gesuches.

Bundesrat Adolf Ogi hat den EWR als Trainingslager für die EG bezeichnet, auch das erachteten viele so kurz vor der Abstimmung innenpolitisch als Eigengoal.
Ich halte diese Einschätzung für ungerecht. Er hat seine eigene Ausdrucksweise verwendet, aber im Grunde genommen hat er nur gesagt, was für eine Mehrheit im Bundesrat und zahlreiche hohe Beamte lange vor der EWR-Abstimmung klar war, nämlich dass der EWR nicht als dauerhafte Lösung, sondern nur als Übergangslösung in Frage kommt. Adolf Ogi gehört eben zu den Leuten, die lieber mitentscheiden wollen, als die Entscheide anderer passiv nachzuvollziehen.

Diese Haltung war im Volk offenbar zu wenig bekannt.
Das kann schon sein. Ich finde es eigenartig, wenn man dem Bundesrat vorwirft, das Gesuch im Mai 1992 gestellt zu haben. Ich hätte mehr Verständnis, wenn man gefragt hätte, warum die Schweiz das EWR-Abkommen überhaupt unterzeichnet hat, obwohl es politisch-institutionell völlig unbefriedigend war.

Und – warum hat der Bundesrat unterzeichnet?
Wirtschaftlich war der EWR interessant. Dem unbefriedigenden Verhandlungsergebnis im institutionell-politischen Teil trug er dadurch Rechnung, dass er den EU-Beitritt als neues Ziel wählte und den EWR zu einer zeitlich beschränkten Übergangslösung zurückstufte. Auch für mich war der EWR wegen seiner institutionellen Mängel als dauerhafte Beziehungsgrundlage zur EG undenkbar.

Sie waren in den zweijährigen EWR-Verhandlungen Stv. Chefunterhändler der Schweiz und gegenüber dem EWR sehr skeptisch.
Ich war ein Kämpfer für den EWR, unter der Voraussetzung, dass der EWR nicht nur wirtschaftlich, sondern auch politisch befriedigt. Für mich war entscheidend, dass man nicht automatisch EG-Recht nachvollziehen muss, sondern mitentscheiden kann. Als ich festgestellt habe, und das war recht früh, dass dies nicht drinlag, war ich zwar enttäuscht, nahm mir aber trotz allem vor, bis zum Schluss um möglichst viel Mitbestimmung zu kämpfen. Für mich stand fest, dass sich ein Land wie die Schweiz, für mich ein bedeutendes Land, nicht damit zufrieden geben kann, Entscheide, die andere fällen, nachzuvollziehen. So kam ich zum Schluss: Wenn die Schweiz in der EG mitentscheiden will, dann gibt es nur den Beitritt. Die EWR-Verhandlung war der definitive Beweis dafür.

Sie betonen, dass Sie und andere schon in einer frühen Verhandlungsphase gemerkt haben, dass eine echte Mitentscheidung nicht zu haben ist. Haben Sie nie daran gedacht, den Vorgesetzten zu empfehlen, aus den EWR-Verhandlungen auszusteigen?
Den formellen Vorschlag habe ich in meiner Erinnerung nicht gemacht – auf die Probleme wiederholt und eindringlich aufmerksam gemacht aber schon, und zwar auch öffentlich. Die schweizerische Verhandlungsposition war von Anfang an klar: Ein Ergebnis war nur dann befriedigend, wenn es die Mitentscheidung vorsah. Diese Auffassung vertraten alle in der schweizerischen Verhandlungsdelegation. Wir haben den Bundesrat regelmässig auf die Verhandlungshaltung der EU aufmerksam gemacht. Aber solange die Verhandlungen nicht abgeschlossen waren, kämpften wir eben engagiert für unsere Verhandlungsziele. Wir wollten nicht aufgeben und dem ursprünglichen Ziel möglichst nahe kommen.

Konnten Sie überhaupt noch mit voller Kraft verhandeln, wo Sie persönlich doch vom EWR-Projekt nicht mehr überzeugt waren?
Mit dem wirtschaftlich-sozialen Inhalt des Projektes hatte ich ja keine Probleme. Mir missfiel gründlich der Verhandlungsverlauf über das politisch-institutionelle Gerüst. Aber wie alle anderen in der Delegation gab ich den Gedanken nie auf, eine annehmbare institutionelle Defensivlösung zu finden. Dass die Mitentscheidung nicht drin lag, habe ich früh öffentlich gesagt. Wenn die Mitentscheidung nicht möglich war, so hofften wir, wenigstens die individuelle Ausstiegsmöglichkeit aus Entscheiden ohne Nachteile für die Schweiz zu erreichen (individual opting out), was dann allerdings auch misslang.

Sie haben die EWR-Verhandlungen auch schon als Trauma bezeichnet. Was war daran denn für Sie traumatisch?
Das Traumatische war, dass sich im Verlaufe der Verhandlungen immer deutlicher gezeigt hat, dass wir wesentliche Ziele nicht erreichen konnten. Das Verhandeln mit der EFTA als Gruppe erwies sich bei der Verfolgung schweizerischer Interessen in wichtigen Fragen als Nachteil. Auch als Gruppe wog die EFTA im Vergleich zur EG leicht, zudem waren die Interessen einzelner EFTA-Länder sehr unterschiedlich. Am Anfang waren wir nicht bereit, das gesamte EU-Recht in den EWR zu integrieren, wir wollten bloss eine gegenseitige Gleichwertigkeitsanerkennung der Rechtsordnungen. Das war nicht durchsetzbar. Dann peilten wir gemeinsame Entscheidungsorgane an, auch das kam nicht durch. Weiter verlangten wir, dass jedes Land einzeln aussteigen kann, wenn es mit einem Entscheid nicht einverstanden ist. Die EG war nur bereit, den kollektiven Ausstieg der EFTA-Länder zu akzeptieren. Dann hofften wir, wir könnten aussteigen, ohne mit Gegenmassnahmen rechnen zu müssen. Auch das hat sich nicht durchsetzen lassen. Sie sehen, es hiess immer wieder Nein, wir rannten im politisch-institutionellen Bereich gegen eine Wand. Was später als Erfolge im institutionellen Bereich verkauft wurde, war unbedeutend im Vergleich zu den ursprünglichen Verhandlungszielen. EWR-Länder wie Norwegen machen nach Jahren von Erfahrungen übrigens kein Geheimnis aus der Tatsache, dass im EWR im Wesentlichen systematisch EU-Entscheide nachvollzogen werden.

Damals kursierten so nebulöse Begriffe wie ‹decision shaping› und ‹gestaltende Mitwirkung›. Die bezeichnen Sie als Wortwolken oder Worthülsen.

Ja, diese Ausdrücke vernebelten und verdeckten eben, dass wir im EWR nicht mitentscheiden konnten, sondern faktisch die EU-Entscheide zu übernehmen hätten.

Ihr Chef bei den EWR-Verhandlungen war Staatssekretär Franz Blankart. Welches Verhältnis hatten Sie zu ihm?

Wir kannten uns schon vor Beginn der Verhandlungen gut. Uns verband sicher der Wille, für die Schweiz das Bestmögliche zu erreichen, auch der ähnliche geisteswissenschaftliche Hintergrund. Die politischen und wirtschaftlichen Aspekte des europäischen Integrationsprozesses haben wir aber verschieden gewichtet.

Unter den hohen Beamten gab es für mich auch andere wichtige Bezugspersonen wie Bruno Spinner, mein wichtigster Partner in den Bilateralen I. In der Analyse der Situation und in den Zielsetzungen waren wir uns immer einig. Er hatte auch Mut.

Blankart war ganz klar der entschiedenere EWR-Anhänger.

Ja. Er hat das Ergebnis der EWR-Verhandlungen positiver bewertet als ich. Für mich hat die gleichberechtigte Mitentscheidung in der EU und damit der EU-Beitritt einen höheren Stellenwert als für ihn.

Während den EWR-Verhandlungen hatten Sie vor allem mit den Bundesräten Delamuraz und Felber zu tun. Delamuraz hatte Sie oft familiär mit ‹Köbi› angesprochen. Die Beziehungen zu Delamuraz und Felber waren recht freundschaftlich.

Ja. Ich hatte eine enge Beziehung zu beiden und ich habe mit ihnen auch viele Fragen unter vier oder sechs Augen besprochen. Aber auch zu den andern Bundesräten hatte ich ein gutes, zum Teil freundschaftliches Verhältnis.

Wir haben es schon angetönt, der EWR war ja kein bilateraler Vertrag zwischen der Schweiz und der EG, sondern ein Abkommen zwischen den EFTA-Staaten und der EG. Die Schweiz musste demzufolge auch auf die andern EFTA-Staaten Rücksicht nehmen. Wo lagen die grössten Differenzen zwischen den einzelnen EFTA-Staaten?

Ein grosses Problem bei den Verhandlungen war, dass wir auf zwei verschiedenen Ebenen Konzessionen machen mussten. Die EFTA-Länder mussten mit einer Stimme verhandeln, also hatten sie erst einmal untereinander eine gemeinsame Position zu erarbeiten, und dabei kam kaum einer darum herum, in irgendeinem Punkt nachzugeben. Nachher hatte der EFTA-Unterhändler aufgrund der ausgehandelten gemeinsamen EFTA-Position mit dem Vertreter der EG-Kommission zu verhandeln, wobei noch einmal Konzessionen gemacht werden mussten. Die Verhandlungen wurden auf EFTA-Seite jedes halbe Jahr von einem andern Staat geleitet. Im zweiten Semester 1990 war die Schweiz an der Reihe.

Die einzelnen EFTA-Länder haben ganz verschiedene Interessen in die Verhandlungen eingebracht, völlig verständlich angesichts der unterschiedlichen geografischen Lage. Für die Schweiz als Transitland waren Verkehrsfragen sehr wichtig. Für Schweden, Norwegen oder Island, alles Länder in Randlage, ohne namhaften Strassentransitverkehr, spielten diese kaum eine Rolle. Für Island und Norwegen standen dafür Fischereiprobleme im Vordergrund, die uns weniger berührten. Oder die Personenfreizügigkeit: Die Schweiz war hier wegen der geografischen Lage unvergleichlich exponierter als Länder wie Island, Schweden, Norwegen oder Finnland. Trotz der unterschiedlichen Interessen hatten die EFTA-Staaten immer eine gemeinsame Position zu finden. Hinzu kam aber auch etwas Traditionelles. Die nordischen EFTA-Staaten waren es gewohnt, mit einer Stimme zu sprechen. Sie hatten im GATT (Allgemeines Zoll- und Handelsabkommen) und in andern Gremien schon Erfahrungen sammeln können. Die EWR-Verhandlung hat gezeigt, was Aufmerksamere schon vorher wussten: Die gemeinsame Basis der EFTA-Länder wird dünn, wenn man den Freihandel mit Industriegütern verlässt. Ein grosser Vorteil der Bilateralen I war, dass nicht auf zwei Stufen Konzessionen gemacht werden mussten.

Veränderte nicht auch die Öffnung nach Osteuropa die Verhandlungssituation?

Doch, der Fall der Berliner Mauer und die deutsche Wiedervereinigung, zwei Ereignisse, die während der EWR-Verhandlungen eintraten, hatten starken Einfluss auf die Haltung der verschiedenen Staaten. Damit verschwand für gewisse EFTA-Länder ein wichtiges

Beitrittshindernis, das Neutralitätsproblem, denn der Ost-West-Gegensatz war weg. Verschiedene Länder bereiteten jetzt sofort den EG-Beitritt vor. Österreich hatte das Beitrittsgesuch schon gestellt, bevor die EWR-Verhandlungen begannen, Schweden stellte es während den Verhandlungen, Finnland vor uns am Schluss der Verhandlungen. Für Österreich, Schweden und Finnland war die gleichberechtigte Mitentscheidung in der Europäischen Gemeinschaft sehr wichtig. Die Erkenntnis, dass der EWR keine Mitentscheidung bot, und der Wille, in Europa als gleichberechtigte Partner aufzutreten, haben den Entscheid zugunsten des EG-Beitritts kräftig gefördert.

EFTA-Partner haben der Schweiz ab und zu vorgeworfen, sie verhalte sich in den Verhandlungen sehr unnachgiebig und sei nur auf die eigenen Vorteile bedacht.

Die Schweiz hat den Ruf, hartnäckig zu verhandeln, und das ist gut so. Ich würde das nie als Vorwurf empfinden. Es trifft zu, dass wir mehr als andere EFTA-Länder auf individuellen Regelungen bestanden und immer dagegen kämpften, unser Rede- und Interventionsrecht an die EFTA als Gruppe abtreten zu müssen. Angesichts der unterschiedlichen Interessenlagen und der institutionellen Natur der EFTA, die nicht mit der EG zu vergleichen war, machte diese Haltung aber auch Sinn.

Nachdem es auch dem Letzten einleuchten musste, dass die EFTA-Länder im EWR nicht mitentscheiden konnten, versuchten wir zu erreichen, dass ein einzelnes EFTA-Land eine in den EWR übertragene EU-Regelung nicht übernehmen muss, ohne Gegenmassnahmen riskieren zu müssen. Wir forderten das individuelle Opting out und nicht das der ganzen EFTA-Gruppe, konnten uns aber auch in dieser Frage nicht durchsetzen. Die EU setzte auf den Disziplinierungseffekt der EFTA.

Kam es zu ernsthaften Auseinandersetzungen?

Ich kann mich nicht an dramatische Auseinandersetzungen erinnern, aber wir hatten in mehreren Fragen beträchtliche Meinungsverschiedenheiten.

Was bedeutet der 14. Februar 1992, als die EWR-Verhandlungen abgeschlossen wurden, für Sie? Waren Sie erleichtert, zufrieden?

Ich fand den Vertrag wirtschaftlich gut, aber politisch-institutionell völlig unbefriedigend, konnte mich jedoch damit abfinden, weil der Bundesrat ein paar Monate vorher beschlossen hatte, dass der EG-Beitritt das neue Ziel sei. Der EWR wurde damit zu einer Übergangslösung zurückgestuft.

Und als die Abstimmung bachab ging?
Aus wirtschaftlicher Sicht bedauerte ich es. Aufs Ganze gesehen konnte ich das Nein verstehen, wenn ich mir den Abstand zwischen den ursprünglichen Verhandlungszielen und den Ergebnissen vor Augen hielt.

Hat uns das Nein nicht Wirtschaftswachstum gekostet, wie viele behaupten?
Man darf ja gar nicht nachlesen, was Befürworter und Gegner des EWR 1991 und 1992 für den Fall eines Nein oder Ja behaupteten. Wie in den meisten politischen Auseinandersetzungen beherrschte die interessengeleitete Erkenntnis das Feld. Die von gewissen Befürwortern gemalten Katastrophenszenarien im Falle des Nein erwiesen sich erwartungsgemäss als falsch. Dass das Nein etwas Wachstum gekostet hat, schliesse ich nicht aus, fand aber dafür bisher keine überzeugenden Argumente. Der Vorort (heute Economiesuisse) war übrigens in den Jahren nach dem EWR-Nein nicht in der Lage, überzeugende Beispiele für Nachteile des EWR-Nein zu liefern.

Wie spürten Sie nach dem EWR-Nein die Stimmung in der EU?
Ich stellte in Brüssel und auch in den einzelnen EU-Ländern schon Enttäuschung fest.

Macht es heute noch Sinn, dass das EU-Beitrittsgesuch der Schweiz in Brüssel bleibt?
Der EU-Beitritt ist heute ja nicht mehr das Ziel, der Bundesrat betrachtet ihn nur noch als eine mögliche Option. Darum kann man sich mit Fug und Recht fragen, ob es noch Sinn macht, das Gesuch in Brüssel zu belassen. Im Vergleich zur Aufgabe des Ziels dünkt mich die Frage ziemlich bedeutungslos.

Ist der bilaterale Weg zu Ende?

Sie begannen am 12. Dezember 1994 als Chefunterhändler die Bila-
teralen I. War das nicht ein seltsames Gefühl, erneut über die glei-
chen oder ähnliche Gegenstände zu verhandeln?
Wir hatten tatsächlich wiederum über die gleichen Themen zu
verhandeln wie im EWR-Vertrag, etwa Personenfreizügigkeit, Zi-
villuftfahrt, Strassenverkehr, Landwirtschaft, technische Handels-
hemmnisse, öffentliches Beschaffungswesen und Forschungszusam-
menarbeit. Ich hatte keinerlei Motivationsprobleme, diese Fragen
erneut aufzunehmen, weil ich überzeugt war, dass eine Vereinbarung mit der EU in diesen Gebieten für die Schweiz wichtig und möglich war. Jetzt fühlte ich mich aber freier, musste nicht erst in einer
Staatengruppe den Konsens suchen, sondern konnte direkt die
Schweizer Interessen vertreten. Auf der Gegenseite fand ich neben
alten Bekannten auch Partner, die ich nicht oder noch nicht so gut
kannte.

Bekamen Sie von den EU-Vertretern irgendwelche Ressentiments zu
spüren?
Nein, überhaupt nicht.

Welches waren in den Verhandlungen die Hauptschwierigkeiten bei
diesem Paket von sieben Abkommen?
Die schwierigste Verhandlung war die über die Personenfreizügigkeit. Es war für mich klar, dass wir nicht so weit gehen konnten
wie beim EWR-Vertrag, das heisst, wir durften keine Lösung akzeptieren, die automatisch zur Freizügigkeit führt. Es galt, die Möglichkeit zu schaffen, dass die Schweiz nochmals entscheiden kann, bevor die volle Freizügigkeit hergestellt wird.
Wichtig war auch, dass wir für die Schweizerinnen und Schweizer möglichst rasch den freien Zugang zum EU-Raum bekamen, und
das haben wir erreicht, nach zwei Jahren schon. Im EWR war er erst
nach fünf Jahren vorgesehen. Ein schwieriges Gebiet war die Luftfahrt. Gegen grossen Widerstand einzelner Mitgliedstaaten, vor allem
Frankreichs, bestand ich bis zum Schluss auf der Gewährung der
fünften und siebten Freiheit für schweizerische Luftverkehrsgesell-
schaften und erreichte das Ziel auch. Die siebte Freiheit bedeutet,

dass man auch Passagiere zwischen EU-Mitgliedstaaten befördern kann, ohne von der Schweiz aus zu fliegen oder in die Schweiz zu fliegen. Die fünfte, dass man auf einem Flug von der Schweiz zu einem Flughafen in einem EU-Mitgliedstaat bei einer Zwischenlandung in einem andern Mitgliedstaat Passagiere aufnehmen darf. Selbst in der Schweiz gab es wirtschaftliche und politische Kreise, die meine Verhandlungshaltung zu hart fanden, weil sie möglichst bald abschliessen wollten.

Die Verhandlungen über die Landwirtschaft und den Landverkehr, vor allem die Frage, wie hoch die Schwerverkehrsabgabe sein darf, waren ebenfalls sehr schwierig. In der Schlussphase hat sich Bundesrat Leuenberger direkt in die Landverkehrsverhandlungen eingeschaltet.

Spielte das eingefrorene Gesuch um Aufnahme von Beitrittsverhandlungen bei den Verhandlungen eine Rolle?
Ich habe das Gesuch in den Bilateralen nie benutzt. Wenn es überhaupt eine Bedeutung hatte, dann hat es dem Verhandlungsklima eher genutzt als geschadet.

Warum?
Damals war der Beitritt ein Ziel des Bundesrates, und mit dem Einreichen des Gesuchs kam doch zum Ausdruck, dass die Schweiz die grosse Bedeutung der EU, auch als politisches, friedensicherndes Projekt, erkannte und in ihr mehr als nur eine Geschäftsstrasse sah.

Inzwischen hat die Schweiz mit der EU ein weiteres Paket, die Bilateralen II, abgeschlossen. Wie beurteilen Sie das Ergebnis?
Ich beurteile es positiv. Wenn wir die Substanz der Bilateralen I und II betrachten, sind sich die EU und die Schweiz enorm näher gekommen.

Aber es stellt sich nach wie vor die Grundfrage: Was will die Schweiz? Will sie unter den Architekten des zukünftigen Europas sein – das ist nur beim EU-Beitritt möglich – oder will sie bloss wirtschaftlich und gesellschaftlich möglichst gut integriert sein und Nachteile durch Anpassung an die Entscheide, die in Brüssel gefällt werden, vermeiden?

Mit dem Assoziationsabkommen Schengen/Dublin wurde mit der EU ein Vertrag geschlossen, der über das rein Wirtschaftliche hinausgeht. Ist das ein Zeichen, dass die Schweiz sich generell der EU annähern will?

Ich denke schon. Schon die Bilateralen I gingen vor allem mit dem Abkommen über die Personenfreizügigkeit weit über das rein Wirtschaftliche hinaus. Das Schengen/Dublin-Abkommen erleichtert zusätzlich den Personenverkehr, indem die Personenkontrollen an der Grenze wegfallen. Es gibt aber auch eine grenzüberschreitende Zusammenarbeit in Sicherheitsfragen, die für uns wegen unserer geografischen Lage besonders wichtig ist. Auch die Auswirkungen auf das Asylwesen sind ausserordentlich bedeutend.

Man bekommt immer wieder zu hören, der bilaterale Weg sei zu Ende, die EU wolle keine weiteren sektoriellen Abkommen. Was halten Sie vom Bilateralismus als Konzept?

Der Entscheid liegt letzten Endes bei der Schweiz. Ich glaube nicht, dass die EU grundsätzlich kein Interesse mehr an bilateralen Abkommen hat. Wenn beide Seiten in einem bestimmten Sektor an einer gemeinsamen Lösung interessiert sind, dann werden sie darüber verhandeln. Es gibt einige neue Bereiche, in denen bilaterale Verhandlungen möglich sind. Der Bundesrat nennt im Europabericht 2006 den Transit und den Marktzugang von Elektrizität, dann die volle Teilnahme der Schweiz an der Europäischen Galileo-Aufsichtsbehörde. Galileo ist ein ziviles Satellitennavigationssystem. Verhandelt werden könnte auch über den Schutz der Ursprungsbezeichnungen im Landwirtschaftsbereich, über den Agrarfreihandel, die Teilnahme an EU-Gesundheitsprogrammen und die Liberalisierung von Dienstleistungen.

Der Bundesrat propagiert den bilateralen Kurs in seinem jüngsten Europabericht gewissermassen als Königsweg, daneben zählt er noch andere Optionen auf. Ist dieser Bericht überhaupt nötig gewesen?

Aus strategischer Sicht kann man sich die Frage tatsächlich stellen. Für mich ist es ein sehr sorgfältiger und informativer Bericht mit analytischer Zielsetzung. Der Bericht ist wie erwartet stark wirtschaftlich und aussenwirtschaftlich orientiert. Sein Aufbau veranschaulicht die Abkehr vom EU-Beitrittsziel, die der Bundesrat am

26. Oktober 2005 beschlossen hat. Es gibt für die Schweiz aus einer politisch-strategischen Perspektive zwei Optionen, nämlich den EU-Beitritt oder den Nicht-Beitritt mit Untervarianten. Darauf geht der Bericht nicht ein; er erwähnt zehn so genannte ‹Instrumente der Europapolitik› völlig unterschiedlicher Bedeutung und Tragweite. Die grundsätzliche Herausforderung, vor der die Schweiz seit langem steht, wird damit auch in der Darstellung überspielt. Die Folgen, dass die Schweiz in der wichtigsten europäischen Organisation nicht mitentscheiden kann und damit auch als interessanter und gleichberechtigter Partner für die Bildung von Interessengruppen mit EU-Mitgliedstaaten ausfällt, werden unterschätzt. Für eine transparente europapolitische Diskussion wird wichtig sein, dass die Tragweite der fehlenden Mitentscheidung nicht mit den traditionellen Wortwolken des Mitgestaltens und Mitredens verniedlicht wird.

Werden unsere Karten für bilaterale Abkommen aber nicht immer schlechter, je grösser und schwerfälliger die EU wird? Müssen wir nicht mit immer mehr Widerstand, mit mehr Einwänden rechnen?
Es wird schwieriger. Bilaterale Verhandlungen werden mit jeder Erweiterung komplizierter, das ist sicher. Die EU-Mitgliedstaaten müssen, wenn sie das Verhandlungsmandat für die Kommission verabschieden, sich auf einen gemeinsamen Nenner einigen. Mit der zunehmenden Zahl von EU-Mitgliedstaaten wird das schwieriger. Das gilt auch bei Mandatsanpassungen und wenn Verhandlungsergebnisse vom EU-Rat genehmigt werden müssen.

Die Schweiz wird für den bilateralen Weg auch finanziell immer mehr bezahlen müssen.
Von der EU fliessen grosse Finanzströme in die neuen Mitgliedstaaten, damit die wirtschaftlichen und sozialen Ungleichheiten in diesen Ländern verringert werden können. Es ist doch nur normal, dass auch die Schweiz dazu einen Beitrag leistet, profitiert sie doch von der durch die EU kräftig geförderten wirtschaftlichen Entwicklung. Die rund 100 Millionen Franken jährlich nehmen sich doch bescheiden aus im Vergleich zu den EU-Zahlungen 2007–2013 oder im Vergleich zum Nettobeitrag, den die Niederlande an den EU-Haushalt leisten (weniger als 5 Prozent). Ich denke schon, dass die EU von der Schweiz zusätzliche Leistungen erwarten wird, wenn

sich die Union um weitere ärmere Länder erweitert. Nimmt man die 100 Millionen für die zehn neuen Mitgliedstaaten zum Massstab, wird es sich aber kaum um Riesensummen handeln.

Bilaterale I, II, vielleicht bald einmal III – Dutzende von bilateralen Abkommen – sollte man bei so vielen sektoriellen Abkommen mit der EU nicht einen Dachvertrag abschliessen?

Für mich ist dies eine zweitrangige Frage. Die Schweiz hat den bilateralen Weg gewählt, und das ist für mich nach dem EU-Beitritt der zweitbeste Weg. Ob man über alle diese Verträge noch ein Dach machen oder darum herum einen Rahmen schaffen will, halte ich für nicht so wichtig. Ein solcher Dachvertrag könnte vielleicht administrative Erleichterungen bringen und zur Strukturierung des Dialogs beitragen. An der Stellung der Schweiz in Europa ändert er nichts. Die Schweiz kann in der EU nur mitentscheiden, wenn sie ihr beitritt. Es ist wichtig für die Meinungsbildung von Bürgerinnen und Bürgern, dass ihnen in dieser Frage nicht in Form von grossen Sprüchen Sand in die Augen gestreut wird.

Der Bilateralismus birgt eine Gefahr, denn alle diese Abkommen bilden ein Gesamtpaket, und wenn nur eines der Sektorabkommen aus irgendeinem Grund gekündigt würde, könnte die EU alle Verträge auflösen, worauf die Schweiz wieder an jenem Punkt von 1993 stünde.

Es könnte, ja, aber ich schätze diese Gefahr als sehr gering ein. Ich glaube nicht, dass die EU in einer solchen Situation ein Interesse daran hätte, das ganze Vertragswerk aufzulösen, z. B. wenn die Schweiz die Personenfreizügigkeit nach der Übergangsfrist nicht bestätigen würde. Dann würde man wohl versuchen, eine neue Lösung auszuhandeln. Es gibt zwischen der EU und der Schweiz genug Interessensubstanz, damit man auch in schwierigen Lagen eine Einigung findet.

Eine Zeit lang wurde eine EU-Mitgliedschaft light propagiert, eine Mitgliedschaft, bei der wir unsere Währung und unsere politischen Rechte ungeschmälert behalten könnten. Was halten Sie davon?

Die Dinge liegen einfach. Wir müssen wissen, was wir wollen. Wollen wir in der EU als gleichberechtigter Partner mitentscheiden, müssen wir beitreten. Aber niemand zwingt uns dazu. Wenn wir das nicht wollen oder uns das nicht so wichtig ist, können wir draussen bleiben. Nicht im Angebot stehen Zusammenarbeitsformen, wo man gleichzeitig drinnen und draussen sein kann! Es ist ganz wichtig, dass auch der Bevölkerung nicht vorgegaukelt wird, es gebe Zusammenarbeitsformen mit den kombinierten Vorteilen des Dabeiseins und des Draussenbleibens.

Mit einem Beitritt müssen wir übrigens weder die politischen Rechte noch die Währung aufgeben. Ich habe jedenfalls gelernt, dass es einen Unterschied gibt zwischen etwas aufgeben und gewisse Anpassungen akzeptieren.

Schweizer Skepsis gegenüber der EU

Es wird in gewissen Kreisen seit Jahren immer wieder das gleiche Negativbild der EU gezeichnet. Es werden nur die Mängel aufgezählt.

Das ist ein wirkliches Problem. Es ist jahrzehntelange Tradition, die Unterschiede zwischen den EU-Mitgliedstaaten und der Schweiz zu betonen und nicht die Gemeinsamkeiten, die viel zahlreicher sind. Die grossen Leistungen der Europäischen Union werden in der Regel ignoriert oder als selbstverständlich hingestellt. Die Kritiker messen den Wert der EU an gewissen Unzulänglichkeiten und nicht an ihren grossen Leistungen. Ich war immer erstaunt, dass man in der Schweiz nicht mehr davon spricht, dass es in Europa, das jahrhundertelang ein Kontinent des Krieges war, gelungen ist, ein auf Dauer angelegtes Friedens- und Sicherheitsprojekt wie die EU zu schaffen. Sie wird dafür auch weltweit geachtet. Die EU ist ein Stabilitätsanker für ganz Europa und darüber hinaus. Stellen Sie sich vor, wie die politische und wirtschaftliche Entwicklung in Mittel- und Osteuropa nach dem Fall der Berliner Mauer hätte verlaufen können, wenn es die EU nicht gäbe. Alle diese Länder wollten der EU so rasch als möglich beitreten, wussten aber, dass politische und marktwirtschaftliche Reformen dafür Voraussetzung sein würden. Es ist die Existenz der EU und ihre grosse Anziehungskraft, welche diese Reformen gefördert, wenn nicht gar innenpolitisch in diesen Staaten akzeptabel gemacht hat. Die EU hat damit zur Erweiterung des Stabilitäts- und Sicherheitsraums auf dem Kontinent entscheidend beigetragen. Das kann nur ein Gebilde vom Gewicht der EU. Das wird in der Welt auch so gesehen.

Trotz diesen politischen Veränderungen in Europa verläuft die Integrationsdiskussion in unserem Land in den immer gleichen Bahnen mit den immer gleichen Argumenten. Wie erklären Sie sich das?
Ich habe mich das immer wieder gefragt, gerade weil sich die EU doch laufend entwickelt und vor allem auch erweitert hat. Einen ersten Grund sehe ich darin, dass in der Schweiz traditionell die Gegner eines EU-Beitritts die Begriffe bestimmt haben, in denen innenpolitisch über die EU und einen EU-Beitritt diskutiert wird. Sie haben auch weitgehend bestimmt, worüber diskutiert wird und worüber nicht. Es gab und gibt selten Diskussionen über das, was die EU wirklich ist und was sich verändert hat.

Es ist stets eine nach innen gerichtete und ganz auf die Schweiz bezogene Diskussion. Man argumentiert fast ausschliesslich mit Begriffen wie Souveränität, Neutralität, Unabhängigkeit. Es ist eine Diskussion, die eingefahrenen Begriffen folgt und nicht der realen europäischen Entwicklung. Man hätte erwarten können, dass zum Beispiel die Erweiterung der EU um die drei EFTA-Staaten Österreich, Schweden und Finnland, die mit der Schweiz viele Gemeinsamkeiten haben, eine intensivere Beitrittsdiskussion auslöst. Aber dies war nicht der Fall.

Ein zweiter Grund: Wenn man sich stets als Sonderfall deutet, beginnt man nicht nur langsam daran zu glauben, sondern findet das, was andere machen, für einen selbst unwichtig. Die Gegner eines EU-Beitritts begreifen die Schweiz als einen historischen europäischen Sonderfall, der sie nicht ist.

Drittens scheint mir, dass es über Jahrzehnte gelungen ist, zu verhindern, dass in der Schweiz eine echte Sympathie für das Projekt Europäische Union entstand, was für ein Land, das gerne und viel von der Bedeutung von Friedenspolitik spricht, besonders merkwürdig ist. In der öffentlichen Diskussion wurde und wird sehr stark betont, was die Schweiz von den EU-Mitgliedern unterscheidet; kaum jemand spricht jedoch von dem, was uns mit den EU-Staaten verbindet. All das hat Wahrnehmung und Empfinden in Bahnen gelenkt, aus denen wir fast nicht mehr herauskommen.

Die Gegner dramatisieren den EU-Beitritt auch häufig zu einer existenziellen Frage.

Ja, hemmungsloses Schüren der Angst ist das eigentliche Erfolgsrezept. Auch eine bescheidene Anpassung wird zum Systemkollaps dramatisiert. Vermutlich ist das auch ein Mittel, um einen rationalen und gelassenen Dialog über Probleme zu vermeiden, die sich tatsächlich stellen. Der EU-Beitritt wird doch sehr gerne unter dem Zeichen des Systemkollapses diskutiert. Im Sinne von: Wenn man der EU beitritt, ist es zu Ende mit dem schweizerischen System. Gefährdet sind beim Beitritt weder die direkte Demokratie noch der Föderalismus noch die Neutralität. Vielleicht müsste das System der direkten Demokratie auf Verfassungsebene überhaupt nicht angepasst werden. Und sollten Einschränkungen notwendig werden, wären sie bescheiden und würden sich auf die Bundesebene konzentrieren.

Wir erleben jetzt doch den Beweis. Weder der EU-Beitritt noch der Nicht-Beitritt ist eine existenzielle Frage. Dieses tüchtige Land, das ich liebe, überlebt innerhalb der EU und ausserhalb der EU. Es ist darüber nachzudenken, ob die Schweiz in der EU nicht doch eine positivere Zukunft, mehr Ausstrahlung und Gewicht hätte als ausserhalb der EU. Dass sie in Europa und in der Welt als EU-Mitglied mehr Gewicht und mehr Ausstrahlung hätte, steht für mich ausser Zweifel. Wenn die Schweizer Wirtschaft, Finanzsektor eingeschlossen, so wettbewerbsstark ist, wie wir immer wieder hören, müsste der Beitritt auch wirtschaftlich von Vorteil sein. Ich bin mir aber auch bewusst, dass die Schweiz ein grosser Nettozahler an den EU-Haushalt wäre, pro Kopf möglicherweise der grösste. Aber auch hier gilt es den Sinn für Grössenordnungen und Prioritäten zu pflegen. Wie hoch ist dieser Beitrag jährlich pro Kopf? Was sind uns Mitentscheidung und absolute Chancengleichheit in einem Wirtschafts- und Sozialraum von 450 Millionen Menschen, dem für die Schweiz weitaus wichtigsten Raum, wert?

Ist Ihnen in Ihrer Berner Zeit und in den Jahren danach in der Auseinandersetzung mit Europa noch eine andere Konstante aufgefallen?

Die Schweizer Europadiskussion kommt mir oft wie ein Tanz im Kreis der Optionen vor. Im Verhältnis zur EU tun wir uns schwer, uns auf Ziele festzulegen. Die Lieblingsformel heisst ‹Alle Optionen offen halten›, als gäbe es einen ganzen Strauss von Optionen. Es gibt nur zwei: der EU beitreten oder der EU nicht beitreten. Und dann gibt es verschiedene Varianten des Nichtbeitretens. Eine ist der Weg der bilateralen sektoriellen Abkommen, die vorteilhafteste dieser Varianten aus meiner Sicht. Weiter fällt mir auf, dass wir Mühe haben, die politische Realität zu erfassen. Man kann für oder gegen den Beitritt sein, ich respektiere beide Haltungen, aber ich verstehe diejenigen nicht, die dem Land vorspielen wollen, es gebe goldene Mittelwege, ohne zu erklären, welche Mitte damit gemeint sei. Die Mitte zwischen was und was? In Sachen Mitentscheidung gibt es keine Mittelwege. Wer in der EU mitentscheiden will, muss beitreten. Manchmal habe ich wirklich das Gefühl, gewisse Kreise wollen mit Begriffen wie Assoziationsabkommen, Rahmen-, Dach- und andern Abkommen den Eindruck vermitteln, es gebe Formeln, welche die Vorteile des Beitritts und gleichzeitig des Nichtbeitritts herbeizaubern.

Die Beitrittsgegner argumentieren, die Mitentscheidungsmöglichkeit der Schweiz sei gering. Die Schweiz habe als kleines Land wenig Stimmkraft, deshalb könne sie auch kaum etwas bewirken.
Dieser Mangel an Selbstbewusstsein beunruhigt mich fast am meisten. Wenn ein Land von der wirtschaftlichen Bedeutung der Schweiz sich nicht gleich viel zutraut wie etwa Schweden, Österreich, Finnland oder die Niederlande, die diese Mitentscheidung sehr wichtig finden, dann stimmt mich dies sehr nachdenklich, sogar fast ein bisschen traurig. Das beliebte und wohl nicht immer durchdachte Gerede vom ‹Kleinstaat› fördert das Selbstbewusstsein allerdings nicht besonders. Ein Kleinstaat, der nach Wirtschaftsleistung zu den zwanzig grössten der Welt gehört ...

Offenbar ist die Mitentscheidung in Europa für die Mehrheit der Schweizer nicht erstrebenswert.
Das muss es sein. Den Standpunkt, der Preis für die Mitentscheidung sei zu hoch, kann ich verstehen, teile ihn aber nicht. Um nicht Opfer einer hohlen Souveränitätsrhetorik zu werden, sollten wir wenigstens zur Kenntnis nehmen, dass wir uns ausserhalb der Union immer mehr den EU-Regeln anpassen müssen, um keine wirtschaft-

lichen Nachteile zu erleiden. Dafür muss die Schweiz keinen Nettobeitrag an den EU-Haushalt zahlen. Warum diese Haltung weit verbreitet ist, ist schwierig zu sagen. Länder, die mit uns vergleichbar
sind, wollten diese Mitentscheidung, wollten ein gleichberechtigter
europäischer Partner sein.

Wenn wir in der Schweizer Geschichte blättern, stellen wir allerdings fest, dass der grenzüberschreitende politische Gestaltungsehr-
geiz – von wenigen Ausnahmen abgesehen – immer bescheiden war.
Wir haben diesbezüglich keine aussenpolitische Tradition. Unsere
Aussenpolitik ist zudem seit langem stark auf die Aussenwirtschafts-
politik konzentriert. Die Wirtschaftsverbände haben in der Schweiz
in Bezug auf die Gestaltung der Aussenpolitik und der Europapolitik einen besonders grossen Einfluss. Ihre Stärke ist, die Kenntnis der
Wirtschaft, nicht der Aussenpolitik und der in ihr wirkenden Kräfte.

Die Geschichte liefert übrigens auch Hinweise dafür, dass die An-
passungsfähigkeit der Schweiz und ihrer Wirtschaft grösser ist, als
es die vorherrschende rechtsbürgerliche Souveränitätsrhetorik ver-
muten liesse.

*Sie haben darauf hingewiesen, wie ausgeprägt die nationale Iden-
tität der einzelnen EU-Mitgliedstaaten noch immer ist. Ist es nicht
dieses Nationalbewusstsein, das es oft so schwierig macht, in der
EU zu einer gemeinsamen Position zu kommen?*

Das ist schon so. Aber ich ziehe eine EU vor, welche die Identitä-
ten der Mitgliedstaaten respektiert und deshalb etwas mehr Mühe
hat, zu gemeinsamen Positionen zu kommen, als eine EU, die darauf
hinarbeitet, die nationalen Unterschiede einzuebnen, um leichter zu
gemeinsamen Positionen zu kommen. Die echten überzeugten Förderer der europäischen Einigung wollen ein Europa in seiner Vielfalt. Auch ich sehe in dieser Vielfalt eine Stärke. Wer aber aus der
Geschichte nicht gelernt hat, dass Europa zum Erhalt von Frieden
und Sicherheit eine supranationale Struktur braucht, befasst sich
besser rechtzeitig noch einmal mit dieser Geschichte.

*Ein Beitritt muss in der Schweiz durch eine Abstimmung beschlos-
sen werden, und zwar ist ein Volks- und ein Ständemehr nötig. Ist
nicht anzunehmen, dass in gewissen EU-Ländern ein Beitritt abgelehnt worden wäre, hätte darüber abgestimmt werden müssen?*

Das kann man nicht ausschliessen. In verschiedenen, gerade mit der Schweiz vergleichbaren Ländern wurde über den Beitritt aber abgestimmt, in Österreich, Finnland und Schweden zum Beispiel. Bei den neuen mittel- und osteuropäischen Mitgliedstaaten fanden in neun von zehn Ländern Volksabstimmungen statt, und es kamen überall Mehrheiten von über 77 Prozent zustande, ausser in Malta. Es ist mir im Übrigen kein Mitgliedstaat mit einer Volksbewegung für den EU-Austritt bekannt. Im geltenden Vertrag über die Europäische Union (im Unterschied zum Vertrag für eine Verfassung für Europa) ist der Austritt nicht vorgesehen, aber die EU würde ein Land, das austreten will, wohl kaum daran hindern. Die EU macht keine Kundenwerbung, im Gegenteil, sie hat das Problem, dass ihr immer mehr Staaten beitreten möchten.

Die Meinungsführer, die lautstark gegen einen EU-Beitritt antreten, sind vor allem in der SVP zu finden und in andern rechtsbürgerlichen Kreisen.
Die SVP hat wenigstens den Mut zu einer klaren Meinung. Die offene und vor allem die versteckte Ablehnung der EU hat in der Schweiz jahrzehntelange Tradition.
Ich habe mehr Respekt für die SVP als für die ‹Optiönler›, die sich liberaler geben wollen als die SVP, über den Anti-EU-Kurs der SVP aber ganz glücklich sind.

Viele Beitrittsgegner sind nicht einmal bereit, Vor- und Nachteile eines Beitritts aufzulisten. Sie verweigern jegliche Diskussion über einen Beitritt.
Das ist mehr als 200 Jahre nach der Aufklärung tatsächlich schwierig zu verstehen. EU-Beitritt – ja oder nein? ist seit dem Fall der Berliner Mauer und dem Ende des Ost-West-Gegensatzes die aussenpolitisch weitaus wichtigste Frage. Viele haben aber Gründe, davon abzulenken. Die nationale Identität, auf die wir wie andere Länder stolz sind, steht doch überhaupt nicht auf dem Spiel. Fragen Sie einen Schweden, einen Österreicher oder einen Spanier, ob seine nationale Identität durch die EU bedroht sei! Es wäre an der Zeit, etwas lockerer und rationaler über die EU und einen allfälligen Beitritt zu diskutieren. Aber eben: Irgendwann sollte die Frage mehr als ein Gegenstand gehobener Unterhaltung werden. Es gilt zu entscheiden,

auch wenn das Wort ‹Option› angenehme Assoziationen weckt und ‹Ziel› etwas gar spitz, entschlossen und verbindlich tönt. ‹Ziel› kann sogar die Erinnerung an Willensnation wecken. Die EU ist übrigens eine Willensgemeinschaft par excellence.

Alle wissen, heute ist ein Beitritt nicht mehrheitsfähig. Was könnte denn die Wende bringen? Wie könnte die Abwehrhaltung überwunden werden?

Es gibt viele, die argumentieren, die Schweiz werde erst umdenken, wenn sie durch das Abseitsstehen gravierende wirtschaftliche Nachteile erleide. Ich möchte keinesfalls, dass diese Situation zum Motiv wird, der EU beizutreten. Ich möchte das nicht, obwohl wirtschaftliche Nachteile tatsächlich sehr rasch ein Umdenken herbeiführen würden. Der Beitritt wird auch morgen und übermorgen aus dem einfachen Grund nicht mehrheitsfähig sein, weil in einer nicht leicht zu entscheidenden Frage die Gegner eines EU-Beitritts die Darstellung und Deutung der EU und der schweizerischen Geschichte bestimmen. Die Gegner eines EU-Beitritts sind ungleich entschlossener als die Befürworter. Sie haben auch viel mehr Mittel. Wer sich mit der EU auseinandersetzen und sich eine Meinung über Vor- und Nachteile eines Beitritts bilden will, hat genug Stoff, auch in der Form von Berichten des Bundesrates.

Ich finde die Frage, warum der Beitritt nicht mehrheitsfähig ist, interessanter als die Frage, was die Wende bringen könnte. Jeder hat die Möglichkeit, sich für oder gegen einen Beitritt einzusetzen. Missionarischer Eifer ist nicht mein Stil, wohl aber, zu einer Überzeugung zu stehen. Die immer in ähnlichen Begriffs- und Denkbahnen verlaufende Diskussion über den EU-Beitritt langweilt mich im Übrigen langsam. Als Gegenstand der gehobenen Unterhaltung dünkt mich das Thema zu wichtig.

Trotzdem noch einmal die Frage: Wie könnte die Abwehrhaltung überwunden werden?

Erstens sollte die Beitrittsfrage nicht zu einer existenziellen Frage hochgeredet werden. Es geht nicht um Sein oder Nichtsein der Schweiz. Es geht darum, wie die Schweiz an der Gestaltung ihrer unmittelbaren Umgebung am besten mitwirken und ihre Interessen in ihrem wichtigsten Umfeld, der EU, wahren kann. Zweitens ist es wichtig, von den grossen sicherheits- und friedenspolitischen Leistungen der EU ernsthaft zu reden, von denen die Schweiz direkt profitiert. Drittens wäre es nützlich, wenn wir uns an den Blick auf die Landkarte gewöhnten und uns überlegen würden, was unsere geographische Lage auch in einer beschleunigten Globalisierung bedeutet. Was viele als Normalfall ansehen, erscheint mit Blick auf die Karte nicht normal. Mit uns vergleichbare europäische Staaten haben den Weg in die EU gewählt und dürften sich dabei etwas überlegt haben. Vielleicht könnte es sogar ein Beitrag zur Überwindung der Abwehrhaltung sein, wenn wir eine ehrliche Diskussion darüber führten, aus welchen Gründen die Mehrheit den EU-Beitritt ablehnen will. Sind die angegebenen Gründe die tatsächlichen und wie schwer wiegen sie im Vergleich zu den Vorteilen? Ein Letztes: Etwas mehr Selbstvertrauen könnte ebenfalls zum Abbau der Abwehr beitragen.

Befürchtet wird auch, dass die Zinsen steigen, die Löhne gedrückt werden.
Richtig. Unsere ganze EU-Beitrittsdiskussion ist furchtgeprägt. Eine Angst nährt die nächste. Vielleicht lohnt sich einmal ein Blick auf die Entwicklung in der Schweiz und in Österreich seit dem EU-Beitritt 1995. Österreich ist durch den EU-Beitritt wirtschaftlich erstarkt und der Reformwille wurde gefestigt. Ich habe nicht den Eindruck, dass in Österreich die Zinsen gestiegen und die Löhne gesenkt worden sind. Das Bruttoinlandprodukt pro Kopf nach Kaufkraftparitäten soll sich von unserem nicht mehr gross unterscheiden.

Ist es für Sie nur eine Frage der Zeit, bis die Schweiz EU-Mitglied wird?
Nein. Die massgebenden Meinungsführer gegen den Beitritt im Land werden – solange die jetzigen Verhältnisse keine wirtschaftlichen Nachteile zur Folge haben – immer wieder Gründe finden, weshalb die Zeit noch nicht reif ist. Wenn sie die Zeit als reif erachten, können sie das als Zeichen interpretieren, dass die EU als Friedens- und Sicherheitsprojekt, das einen gewissen Grad an Überstaatlichkeit verlangt, auf dem Abstieg ist.
Die EU-Beitrittsfrage hat auch ihre komische Seite. In den letzten Jahren war der EU-Beitritt abwechselnd eine Option, eine vor-

rangige Option, ein Ziel, für kurze Zeit wieder eine Option, dann bis vor kurzem wieder ein zunehmend verschämter erwähntes Ziel, jetzt wieder eine Option. Wird die Luft etwas dünner, kommt vielleicht wieder die vorrangige Option ... Ich habe nicht den Eindruck, dass sich die innenpolitischen Verhältnisse rasch ändern werden. Ich stelle ohne Wehleidigkeit fest, dass massgebende Meinungsführer des Landes und auch der Dachverband der Wirtschaft die Tänzchen im Kreis der angeblichen Optionen mögen.

Trotzdem – können Sie sich den Beitritt in zehn Jahren vorstellen?
Es gibt wenig, das ich mir nicht vorstellen kann. Ich gehe eher davon aus, dass wir wie in den letzten fünfzig Jahren immer wieder neue Gründe finden werden, warum der Zeitpunkt nicht gekommen ist.
Ein Beitritt wäre schon heute sehr spät.

Die Zukunft der EU

Sie haben eine positive Grundhaltung zur EU, sie kritisieren jedoch gewisse Vorgänge und Stimmungen in den Mitgliedsländern.
Es wurde in den letzten Jahren innerhalb der EU häufig gefordert, die EU müsse bürgernäher werden. In gewissen Mitgliedstaaten verhalten sich Politiker aber gerade nicht so, dass die EU den Bürgern näher kommt. Für die schlechten Nachrichten ist Brüssel verantwortlich, für die guten die Landeshauptstadt. Wenn in einem Staat zum Beispiel Arbeitsplätze verloren gehen, neigen viele Politiker dazu, dies der EU anzulasten, obwohl die wichtigsten wirtschaftlichen und sozialpolitischen Kompetenzen unverändert bei den Mitgliedstaaten liegen. Es gibt eine starke Tendenz, die positiven Leistungen der EU den Bürgern nicht besonders intensiv zu vermitteln, aber wenn irgendetwas die Bürger verärgert, rasch die EU dafür verantwortlich zu machen, auch wenn sie nichts dafür kann. Seit einiger Zeit häuft sich das Argument, sechzig Jahre nach dem Zweiten Weltkrieg könne man die EU den Bürgerinnen und Bürgern nicht mehr als friedens- und sicherheitsstiftende Organisation beliebt machen, man müsse andere Argumente finden, um die EU den Bür-

gern näher zu bringen. Politiker in Brüssel und in den Mitgliedstaaten suchen jetzt vor allem wirtschaftliche Argumente, mit der Begründung, die Bürgerinnen und Bürger verlangten in erster Linie volkswirtschaftliche Erfolgsausweise. Ich finde das ziemlich problematisch. Ich glaube nicht, dass die EU nur auf diese Weise den Bürgern nahe gebracht werden kann. Wer glaubt, der Erfolg der EU als Friedens- und Sicherheitsgemeinschaft sei eine Selbstverständlichkeit, wird eines Tages böse erwachen. Besser wäre, den Bürgerinnen und Bürgern zu erklären, woher die EU kommt, weshalb sie geschaffen wurde; als EU nämlich, die den politischen Anspruch hat, die Globalisierung im Sinne europäischer Wert- und Gesellschaftsvorstellungen mitzugestalten.

Die Mitgliedstaaten müssten allerdings bereit sein, ihre nationalen Geltungsbedürfnisse im Interesse der EU international manchmal etwas zurückzustellen. Wenn man einen einseitig liberalistischen Wirtschaftskurs predigt, bringt man den Bürgerinnen und Bürgern die EU, von den Wohlhabenden abgesehen, nicht näher.

Manchmal habe ich auch mit einer etwas überspannten Rhetorik Mühe. Das Aufsehen, das um den Verfassungsvertrag gemacht wurde, vom Anfang des Konventes bis zur Genehmigung durch den Europäischen Rat, erschien mir peinlich übertrieben. Auch wichtige Projekte müssen nicht ständig als historisch oder superhistorisch bezeichnet werden. Für mich war es bezeichnend, wie die Staats- und Regierungschefs nach dem Nein aus Frankreich und den Niederlanden relativ gelassen zur Tagesordnung übergingen und eine Denkpause ankündigten.

Bleiben wir noch beim Thema Bürgernähe und Demokratie. Es wird in EU-Ländern auch bemängelt, die EU sei zu wenig demokratisch. Die Kommission sei nicht vom Volk gewählt, das Parlament habe zu wenig Kompetenzen. Erkennen Sie nicht auch ein Demokratiedefizit?

Ja, aber die Defizite nehmen ab. Erstens gibt es verschiedene Formen von Demokratie. Die direkte Demokratie ist nicht die einzige Form. Zweitens sind alle EU-Mitgliedstaaten vollwertige Demokratien. Drittens liegen die meisten Kompetenzen, welche die Bürgerinnen und Bürger direkt betreffen, immer noch bei den EU-Mitgliedstaaten, nicht auf der EU-Ebene. Viertens: Es ist der Ministerrat, der die wichtigen Entscheide trifft, nicht die Kommission, und zwar in immer mehr Bereichen, zusammen mit dem Europäischen Parlament (zum Beispiel bei der umstrittenen Dienstleistungsrichtlinie). Im Ministerrat wirken die Regierungsvertreter demokratischer Staaten. Fünftens: Die Kompetenzen des Europäischen Parlaments haben in den letzten Jahren zugenommen.

Ob mehr Bürgernähe verwirklicht wird, hängt mehr von der Politik in den einzelnen EU-Mitgliedstaaten als von Entscheiden in den EU-Institutionen ab.

Auf EU-Ebene scheinen mir die Kräfte am Erstarken, die fordern, dass Entscheide auf der Ebene getroffen werden, auf der es von der Sache her am meisten Sinn macht, auf lokaler, regionaler, nationaler oder übernationaler Ebene.

Wird das Parlament künftig noch mehr Rechte erhalten?

Es gehört zur Entwicklung der EU, dass das Europäische Parlament (EP) seine Rechte mehren konnte. Besonders wichtig ist das 1993 eingeführte Mitentscheidungsrecht des EP bei der Annahme gemeinschaftlicher Rechtsakte. Dieses Recht wurde im Amsterdamer Vertrag 1997 noch ausgebaut. Der Vertrag über eine Verfassung für Europa sah vor, das Mitentscheidungsverfahren weiter auszubauen. Die Dynamik ging und geht also in die Richtung, dem Europäischen Parlament eine wichtigere Rolle zuzuschreiben. So ist das Mitentscheidungsverfahren das weitaus wichtigste Verfahren unter den fünf Verfahren für die Zusammenarbeit zwischen EP und Rat geworden.

Bescheiden bleibt die Rolle des EP im Bereich der gesetzgeberischen Initiative. Eine Mehrheit seiner Mitglieder kann die Kommission zwar auffordern, Vorschläge zu unterbreiten, die Kommission ist dazu aber nicht verpflichtet. Ich habe nicht den Eindruck, dass sich hier in absehbarer Zeit Grundsätzliches ändern wird.

Sie betonten, es sei der Ministerrat, der entscheide, aber eigentlich tut er nicht viel mehr, als die Kompromisse, welche die Kommission ausgehandelt hat, abzusegnen.

Nein, das stimmt so nicht. Nehmen Sie internationale Verhandlungen. Der Ministerrat gibt der Kommission das Verhandlungsmandat, und er hat nach den Verhandlungen das Ergebnis zu genehmigen. Der Mandatsvorschlag wird allerdings in der Kommission vorbereitet. Der Ministerrat hat Verhandlungsergebnisse auch schon abgelehnt oder während den Verhandlungen Korrekturen verlangt. Die Kommission hat in den letzten Jahren im Vergleich zum Ministerrat an Gewicht verloren. In gewissen Bereichen hat die Kommission freilich sehr wichtige Entscheidungskompetenzen. Die Wettbewerbs- und Agrarpolitik sind Beispiele dafür.

Missfallen erregt bei vielen der grosse Beamtenapparat der Brüsseler EU-Zentrale.
Da muss ich stets ein bisschen lächeln. Wenn man überlegt, wie viele Beamten in den EU-Institutionen arbeiten und wie viele in einer grossen kantonalen Verwaltung oder in einem französischen oder deutschen Ministerium, dann muss ich doch festhalten, dass sich die Zahl der Beamten in den EU-Institutionen im Vergleich bescheiden ausnimmt.

Kritiker weisen auch auf die grosse Zahl der Lobbyisten in Brüssel hin, die man auf rund 15 000 schätzt.
Brüssel ist ein bedeutendes Machtzentrum. Auch in der Schweiz ist Lobbyismus übrigens ja nicht unbedeutend.

Die EU hat seit ihrer Gründung immer wieder Rückschläge erlebt, hat sich aber dennoch stets weiterentwickelt. Was machte bis jetzt die Reformkraft der Union aus?
Es waren letztlich die Attraktivität des Projektes und die Erfolge, die der EU immer wieder einen Schub nach vorn brachten. Aufs Ganze gesehen ist diese Union ausserordentlich erfolgreich.
Ich glaube, das entgeht einem nur, wenn man sie auf eine Geschäftsstrasse reduziert. Wenn man aber den Anlass ihrer Gründung und ihre Zielsetzungen betrachtet, dann ist sie eine Erfolgsgeschichte. Der luxemburgische Ministerpräsident Jean-Claude Junker hat einmal gesagt, ein Jahr Europa koste weniger als ein Tag Krieg. Die Länder, die der EU beigetreten sind und die ihr beitreten wollen, taten und tun dies in erster Linie wegen der Werte, die die Union verkörpert, und weil sie die kritische Masse hat, diese Werte global zu vertreten und zu verteidigen. Selbstverständlich spielen auch wirtschaftliche Gründe eine Rolle für den Beitritt.

Als einer, der die Welt nicht nur aus bequemen Zimmern internationaler Hotelketten kennt, will ich noch beifügen, dass die EU in der Welt gerade als politisches Projekt enormes Ansehen geniesst. Viele Länder wissen eben viel besser als die Schweiz, was Krieg bedeutet, was Friede wert ist. Die EU und ihre Mitgliedstaaten leisten weltweit auch am meisten Entwicklungshilfe und am meisten humanitäre Hilfe. Auch das weiss man natürlich an den massgebenden Stellen.

Bald wird die EU über 30 Mitglieder zählen. Kann ein so grosses Gebilde von Staaten überhaupt noch eine gemeinsame Politik machen? Je mehr Mitglieder, desto grösser und zahlreicher werden doch die Interessengegensätze.

Die EU hat in vielen Bereichen jetzt schon grosse Mühe, eine einheitliche Position zu finden und eine gemeinsame Politik zu machen. Das wird ganz bestimmt noch schwieriger werden.

Die EU wird sich entscheiden müssen, welchen Platz sie ihrer eigenen Festigung und Konsolidierung einräumt. Mit ihrer grosszügigen Erweiterungsbereitschaft hat sie der Sicherheit und dem Wohlstand in Europa einen grossen Dienst erwiesen. Sie hat ihre gesamteuropäische Verantwortung unter Beweis gestellt. Auf der andern Seite droht sie sich zu ‹verdünnen›, was gewissen Mitgliedstaaten allerdings nicht missfällt. Sie suchen in der Erweiterung gerade auch die ‹Verdünnung›.

Die Fähigkeit der EU, sich im Innern weiterzuentwickeln, droht ebenso abzunehmen wie ihre Entscheidungsfähigkeit. Ich gehe aber davon aus, dass diejenigen EU-Mitgliedstaaten, die an einer starken EU interessiert sind, in Zukunft vermehrt von der Möglichkeit der verstärkten Zusammenarbeit zwischen einzelnen Mitgliedstaaten Gebrauch machen werden, die im Vertrag über die Europäische Union vorgesehen ist.

Aber als wirtschaftliche Macht wird sie an Gewicht gewinnen.
Das stimmt. Auf diesem Gebiet wird ihr Gewicht zunehmen. Die EU ist jetzt schon mit den USA die grösste Wirtschaftsmacht der Welt, und sie ist die grösste Handelsmacht der Welt. Die Spielregeln im Welthandel werden schon jetzt in erster Linie im Verhältnis EU-USA ausgehandelt oder allenfalls im Dreieck EU-USA-Japan, auch

wenn der Einfluss grosser Schwellenländer wie etwa Brasilien, Indien, Mexiko zunimmt.

Ein Misserfolg war der Vertrag über eine europäische Verfassung, der weitherum Skepsis erzeugte und von einigen Staaten in Volksabstimmungen abgelehnt wurde.
Wie interpretieren Sie die Ablehnung? Wie müsste die Verfassung gestaltet sein, damit sie eine Chance hat?
Mit dieser Frage überfordern Sie mich. Ich habe die Sache zu wenig gründlich studiert. Die Ablehnung erschien mir jedenfalls zu keinem Zeitpunkt ein schicksalschweres, nicht wiedergutzumachendes Unglück.

In einigen Jahren werden auch Bulgarien und Rumänien Vollmitglieder sein, auch die Staaten des ehemaligen Jugoslawien werden in absehbarer Zeit aufgenommen – alles wirtschaftlich schwache Staaten, die die EU erneut stark belasten.
Das ist richtig. Schon mit der Osterweiterung ist das durchschnittliche EU-Einkommen stark zurückgegangen. In der EU der 15 haben sich die Staaten sehr gut entwickelt, nehmen wir Irland, Spanien oder Österreich, das nach Kaufkraftparitäten heute fast ein Pro-Kopf-Einkommen wie die Schweiz hat. So kann man annehmen, dass sich auch diese weniger wohlhabenden Staaten mit der Zeit erfreulich entwickeln werden. Und vergessen wir nicht, dass sich mit der Aufnahme dieser Länder die Sicherheit in Europa erhöht.

Die Beitrittsverhandlungen mit der Türkei sind im Gange, Verhandlungen, die viele Jahre dauern können. Wo sehen Sie die grössten Hindernisse?
Es gibt immer wieder EU-interne Diskussionen über die Grenzen Europas. Diese Diskussion ist nicht zu Ende. Es gibt Mitgliedstaaten, die Zweifel haben, dass die Türkei ein europäisches Land ist. Die EU versteht sich aber stark als Wertegemeinschaft, was die Bedeutung geografischer Überlegungen nicht wegwischt, aber doch relativiert. Die Beitrittsverhandlungen werden sich in erster Linie auf die Frage konzentrieren, wieweit die Türkei in der Gesetzgebung und in der Rechtssprechung die Werte der EU übernimmt und eine EU-konforme Entwicklung durchführt. Und da hat die Türkei schon

grosse Schritte gemacht, so dass ich kein unüberwindliches Hindernis sehe.

Es gibt allerdings in verschiedenen EU-Ländern Vorbehalte gegen die türkische Mitgliedschaft.
Die gibt es tatsächlich.

Man sprach bereits einmal von zwei verschiedenen Kategorien von Mitgliedern. Führt die grosse Zahl nicht dazu, dass es tatsächlich zu einer Kern-EU und darum herum zu einer Reihe von weniger eng angebundenen Mitgliedern kommen könnte?
Diese Frage wird in der EU immer wieder diskutiert. Man spricht dann von einem Kern-Europa oder vom Europa der zwei Geschwindigkeiten. Die EU hat auch ihren Jargon. Titel VII des Vertrages über die Europäische Union von 1993, revidiert durch den Vertrag von Amsterdam von 1999, sieht unter gewissen Bedingungen bereits vor, dass einzelne Mitgliedstaaten untereinander Vereinbarungen treffen können, die weiter gehen als mit andern Staaten. Allerdings müssen die andern Staaten mitmachen können, wenn sie dies wollen und können. Die Separatabkommen müssen für andere offen bleiben. Bei Annahme des Vertrages über eine Verfassung für Europa wären die Möglichkeiten für selektive ‹verstärkte Zusammenarbeiten› noch erleichtert worden. Diese Dynamik kennen wir doch bereits, z. B. Euro, Schengen. Bei diesen Projekten machen ja nicht alle mit. Bei den zunehmenden Unterschieden und politischen Zielsetzungen zwischen den EU-Staaten wird es vermehrt zu selektiven ‹verstärkten Zusammenarbeiten› kommen, schon um der ‹Verdünnung›, die manche möglicherweise anstreben, Grenzen zu setzen.

Die EU ist vor allem Handelsmacht, sie steht im Wettbewerb mit den USA und andern Wirtschaftsblöcken. Politisch ist sie noch keine Einheit. Glauben Sie, dass sie auch als politische Union einmal mit einer Stimme spricht?
Die EU hat sich zum Ziel gesetzt, eine Gemeinsame Aussen- und Sicherheitspolitik (GASP) und eine Europäische Sicherheits- und Verteidigungspolitik zu verwirklichen. Die Wahrung des Friedens und die Stärkung der internationalen Sicherheit gehören zu den Zielen dieser gemeinsamen Politik. Sie ist jedoch noch weit von einer

solchen gemeinsamen Politik entfernt, macht aber doch Schritte in dieser Richtung, in Form von gemeinsamen Aktionen und der Erarbeitung gemeinsamer Standpunkte. Auf dem Weg zu diesem Ziel wird sie voraussichtlich immer mehr mit einer Stimme sprechen. Ich denke an die EU-Missionen zur Überwachung des Waffenstillstandes in Aceh oder der Grenzkontrollen in Rafa im Gazastreifen, aber auch an den Beschluss vom April 2006, vor und während der Präsidentschaftswahlen in der Demokratischen Republik Kongo eine militärische EU-Operation zur Unterstützung der UNO-Mission durchzuführen. Übrigens stellten die EU-Mitgliedstaaten im August 2006 das grösste Truppenkontingent für die schwierige UNO-Libanon-Mission.

Wird die EU auch militärisch mit eigenen Einheiten auftreten?

2007 sollte die Europäische Union über dreizehn, rund 1500 Mann starke militärische Einheiten verfügen, die spätestens zehn Tage nach Ratsbeschluss im Feld einsatzbereit sein sollen. Diese sog. battle groups können für humanitäre Aufgaben, für Rettungsaktionen, friedenserhaltende Aufgaben, aber auch für Kampfeinsätze zur Krisenbewältigung eingesetzt werden. Auf das ehrgeizige, 1999 beschlossene Ziel, innerhalb von 60 Tagen bis zu 60 000 Mann mobilisieren zu können, hat die EU dagegen verzichtet.

Überbewerten will ich diese Entwicklung nicht, aber die EU wird international bei humanitären, friedens- und sicherheitspolitischen Einsätzen doch vermehrt präsent sein. Dies erklärt übrigens auch das zunehmende Gesprächs- und Kooperationsbedürfnis des IKRK mit den zuständigen EU-Instanzen. So reise ich halbjährlich zu einer Aussprache mit dem Politischen und Sicherheitspolitischen Ausschuss nach Brüssel. Dieser Ausschuss, der unter der Verantwortung des Rates steht, nimmt die politische Kontrolle und strategische Leitung von Operationen zur Krisenbewältigung wahr.

Die Kompetenzen für die Aussen- und Sicherheitspolitik werden aber noch lange bei den Mitgliedstaaten bleiben. Die GASP ist eine zwischenstaatliche Zusammenarbeit. Für mich bleibt sie im Wesentlichen ein privilegierter Koordinationsrahmen der einzelstaatlichen Aussen- und Sicherheitspolitiken. Das Wort ‹gemeinsam› weckt vorläufig noch übertriebene Erwartungen.

Das IKRK im Überblick

Der Name IKRK wird in zwei verschiedenen Zusammenhängen verwendet, was zu Missverständnissen führen kann.

Zum einen ist mit IKRK die Organisation als Ganzes mit ihren rund
13 000 Mitarbeitenden gemeint, zum andern wird IKRK auch für
die heute 16 Mitglieder des Komitees verwendet, die als Versammlung das oberste Organ des IKRK darstellen.

Ursprung und Geschichte

Das Internationale Komitee vom Roten Kreuz IKRK wurde am 17. Februar 1863 durch Henri Dunant (1828–1910) und vier weitere Genfer Bürger gegründet. Dunant erlebte in Solferino, wo sich die Armeen Österreichs und Frankreichs in einer sechzehnstündigen Schlacht erbitterte Kämpfe lieferten, das Elend der Verwundeten. Nach seiner Rückkehr in die Schweiz veröffentlichte Dunant seine ‹Erinnerung an Solferino› und setzte sich dafür ein, dass Hilfsgesellschaften zur Pflege der Verwundeten gegründet wurden und diese Freiwilligen durch eine internationale Vereinbarung anerkannt und geschützt wurden.

Am 21. August 1864 verabschiedeten in Genf 16 Staaten die erste Genfer Konvention zur Verbesserung des Loses der verwundeten Soldaten der Armeen im Feld. Als Schutzzeichen wurde ein rotes Kreuz auf weissem Grund gewählt (Art. 7). 1876 entschied sich das Osmanische Reich, anstelle des roten Kreuzes den roten Halbmond zu verwenden. Mehrere Staaten übernahmen ebenfalls dieses Emblem, das 1929 zusammen mit dem roten Löwen und der roten Sonne offiziell anerkannt wurde.

Am 8. Dezember 2005 verabschiedete eine diplomatische Konferenz ein drittes Zusatzprotokoll, mit dem ein zusätzliches, von allen religiösen, nationalen und anderen Begriffsinhalten freies Schutzzeichen eingeführt wurde. An einer internationalen Konferenz im Juni 2006 wurde diesem zusätzlichen Zeichen in einer Resolution der Name ‹Roter Kristall› gegeben. Mit der Schaffung dieses Zeichens soll nationalen Hilfsgesellschaften, die weder das Rote Kreuz noch den Roten Halbmond verwenden wollen, die Möglichkeit gegeben werden, Teil der Rotkreuz- und Rothalbmondbewegung zu werden.

Das IKRK ist das Gründungsorgan der Bewegung und führt Operationen zum Schutz und zur Unterstützung der von Kriegen und anderen Gewaltsituationen betroffenen Menschen durch. Das IKRK leitet und koordiniert die internationalen Hilfsaktionen der Bewegung in bewaffneten Konfliktsituationen. Es ist Förderer und Hüter des humanitären Völkerrechts und der humanitären Grundsätze.

Die nationalen Rotkreuz- und Rothalbmondgesellschaften mit über 100 Millionen individuellen Mitgliedern verkörpern die Grundsätze der Bewegung in rund 180 Ländern und wirken als Hilfsgesellschaften der Behörden bei Katastrophen aller Art und sind in verschiedenen andern Gebieten wie etwa dem Gesundheits- und Sozialdienst tätig. Mit der Anerkennung der israelischen Hilfsgesellschaft Magen David Adom und des palästinensischen Roten Halbmondes durch das IKRK im Juni 2006 ist die Zahl dieser Gesellschaften auf 185 angewachsen.

Die Internationale Föderation der Rotkreuz- und Rothalbmondgesellschaften (gegründet 1919) koordiniert die internationale Hilfe der Bewegung bei Naturkatastrophen und technologischen Katastrophen und unterstützt nationale Gesellschaften in ihrer Organisation.

Rechtsstellung des IKRK

Das IKRK ist eine weltweit tätige von allen Staaten unabhängige, neutrale und unparteiliche humanitäre Organisation. Die Genfer Abkommen, die Zusatzprotokolle und die Statuten der Rotkreuz- und Rothalbmondbewegung räumen dem IKRK gewisse Rechte ein und übertragen ihm Aufgaben, teils ausschliesslich, teils zusammen mit vergleichbaren Organisationen. Der dynamische und offene Charakter des IKRK-Mandates kommt nicht zuletzt in Ziffer 3 von Artikel 5 der Statuten zum Ausdruck. Dort steht, das IKRK kann jede humanitäre Initiative ergreifen, die seiner Rolle als spezifisch neutrale und unabhängige Institution und Vermittlerin entspricht.

Das IKRK ist trotz seiner enormen Entwicklung seit der Gründung ein Verein nach schweizerischem Zivilrecht geblieben und hat andererseits längst Völkerrechtspersönlichkeit erlangt. Es schliesst mit Staaten und internationalen Organisationen völkerrechtliche Verträge ab und lässt sich bei ihnen durch ständige Delegationen, in vielem vergleichbar mit den Botschaften von Staaten, vertreten. Die Unabhängigkeit des IKRK von den Staaten und internationalen Organisationen äussert sich vor allem darin, dass die Organe des IKRK ihre Entscheide ohne deren Einflussnahme fällen. Auch die Schweiz anerkennt die Unabhängigkeit und Aktionsfreiheit des IKRK im 1992 abgeschlossenen Sitzabkommen.

Die Mission

Als unparteiliche, neutrale und unabhängige Organisation hat das IKRK den ausschliesslich humanitären Auftrag, das Leben und die Würde der Opfer von Kriegen und interner Gewalt zu schützen und ihnen zu helfen.

Dieser Auftrag umfasst u. a. folgende Tätigkeiten:
- Versorgung der von bewaffneten Konflikten betroffenen Menschen mit Trinkwasser, medizinischer Hilfe, Unterkunftsmaterial, Nahrungsmitteln und Gegenständen des täglichen Gebrauchs
- Wiederherstellung lebenswichtiger Infrastrukturen, namentlich in den Bereichen Medizin und Wasserversorgung
- Besuche von Kriegs- und Sicherheitsgefangenen
- Suche nach Informationen über Vermisste
- Übermittlung von Botschaften zwischen getrennten Familienmitgliedern
- Zusammenführung getrennter Familien
- Verbreitung des humanitären Völkerrechts und der humanitären Grundsätze
- Einsatz für die Respektierung des humanitären Völkerrechts in bewaffneten Konflikten
- Beiträge zur Weiterentwicklung des humanitären Völkerrechts

Grundsätze

Die Grundsätze wurden an der 20. Internationalen Konferenz des Roten Kreuzes und des Roten Halbmondes 1965 in Wien festgelegt:

Menschlichkeit: Die Internationale Rotkreuz- und Rothalbmondbewegung bemüht sich, menschliches Leid überall und jederzeit zu verhüten und zu lindern.

Unparteilichkeit: Die Rotkreuz- und Rothalbmondbewegung unterscheidet nicht nach Nationalität, Rasse, Religion, sozialer Stellung oder politischer Überzeugung.

Neutralität: Die Rotkreuz- und Rothalbmondbewegung enthält sich der Teilnahme an Feindseligkeiten und auch an politischen, rassischen, religiösen oder ideologischen Auseinandersetzungen.

Unabhängigkeit: Die Rotkreuz- und Rothalbmondbewegung ist unabhängig. Auch wenn sie den Behörden als Hilfsgesellschaften zur Seite stehen, müssen sie dennoch Eigenständigkeit bewahren.

Freiwilligkeit: Die Rotkreuz- und Rothalbmondbewegung verkörpert freiwillige und uneigennützige Hilfe ohne jedes Gewinnstreben.

Einheit: In jedem Land kann es nur eine einzige nationale Rotkreuz- oder Rothalbmondgesellschaft geben.

Universalität: Die Rotkreuz- und Rothalbmondbewegung ist weltumfassend. Alle nationalen Gesellschaften haben gleiche Rechte und die Pflicht, einander zu helfen.

Die vier Genfer Abkommen und die drei Zusatzprotokolle

Das erste Genfer Abkommen (1949) hat die Verbesserung des Loses der Verwundeten und Kranken der Streitkräfte im Feld zum Ziel.

Das zweite Genfer Abkommen (1949) hat die Verbesserung des Loses der Verwundeten, Kranken und Schiffbrüchigen der Streitkräfte zur See zum Ziel.

Das dritte Genfer Abkommen (1949) enthält die Bestimmungen über die Behandlung von Kriegsgefangenen.

Das vierte Genfer Abkommen (1949) enthält die Bestimmungen zum Schutz von Zivilpersonen in Kriegszeiten, einschliesslich in besetzten Gebieten.

Die vier Abkommen wurden von allen 194 Staaten unterzeichnet.

Das Zusatzprotokoll I (1977) zu den Genfer Abkommen über den Schutz der Opfer internationaler Konflikte enthält insbesondere Bestimmungen über Methoden und Mittel der Kriegsführung.

Das Zusatzprotokoll II (1977) zu den Genfer Abkommen über den Schutz der Opfer nicht internationaler bewaffneter Konflikte entwickelt und ergänzt den gemeinsamen Artikel 3 der vier Genfer Abkommen, eine Art auf innerstaatliche Konflikte anwendbare Kleinkonvention.

Das Zusatzprotkoll III (2005) zu den Genfer Abkommen befasst sich mit dem zusätzlichen Schutzzeichen des Roten Kristalls.

Die vierte überarbeitete und vervollständigte, von den Professoren Dietrich Schindler und Jiri Toman herausgegebene Sammlung von Konventionen, Resolutionen und anderen Dokumenten des humanitären Völkerrechts enthält 115 Texte, darunter die vier Genfer Abkommen und die ersten beiden Zusatzprotokolle. (The Laws of armed conflicts, Martinus Nijhoff Publishers, Leiden/Boston, 2004)

Hilfe für Konfliktopfer

Wirtschaftliche Unterstützung
– Produktionsmittel schützen
– Versorgung mit lebenswichtigen Gütern
– Verteilung von Saatgut, Ackergerät, Fischernetzen, damit die Eigenständigkeit wiedererlangt werden kann etc.

Über 1,1 Millionen Vertriebene, Rückkehrer, Ansässige erhielten im Jahr 2005 Nahrungsmittelhilfe. Rund 2,9 Millionen Menschen wurden darüber hinaus mit lebenswichtigen Haushaltgeräten und Hygieneartikeln versorgt. 2,6 Millionen wurden durch Programme für nachhaltige Nahrungsmittelerzeugung unterstützt (u. a. Verbesserung von Bewässerungsanlagen, Förderung der Viehzucht). Das IKRK kaufte oder erhielt 55 500 Tonnen Nahrungsmittel, 4150 Tonnen Saatgut, 16 700 Tonnen lebensnotwendige Haushaltgeräte.

Wasser und Heimstätten
– Bau von Brunnen, Schutz von Wasserquellen
– Instandsetzung von Wasseraufbereitungsanlagen
– Bau und Rehabilitation von Latrinen und Kläranlagen
– Wiederaufbau von Spitälern und Schulen
– Reinigung und Verteilung von Trinkwasser
– Errichtung von Lagern für Vertriebene
– Entseuchung von Wohngebieten
– Kontrolle von Krankheitserregern etc.

Die Wasserversorgungs-, Sanitär- und Bauprojekte in 37 Ländern erfüllten 2005 den Bedarf von rund 11,2 Millionen Menschen. Die Projekte wurden von 90 in die Einsatzgebiete entsandten und 720 vor Ort eingestellten Ingenieuren und Technikern durchgeführt.

Gesundheitsdienste
– Ausbildung von medizinischem Personal
– Belieferung mit Medikamenten und medizinischem Material
– Überwachung von Epidemien
– Ausleihe von chirurgischen/medizinischen Teams
– Unterstützung für das Management
– Einrichtung von Prothesenwerkstätten
– Kontrolle von Gesundheit und Hygiene in Gefängnissen etc.

Das IKRK unterstützte 2005 rund 100 Krankenhäuser und 179 sonstige Gesundheitseinrichtungen in aller Welt. Die unterstützten Gesundheitseinrichtungen kamen rund 2,4 Millionen Menschen zugute.

Die in 18 Ländern unterstützten Krankenhäuser nahmen 6300 durch Waffen verletzte und rund 77 000 sonstige Patienten auf und führten etwa 77 000 chirurgische Eingriffe durch.

Das IKRK unterstützte in 23 Ländern rund 70 Rehabilitationszentren, in denen 138 000 Patienten behandelt und etwa 20 000 Personen mit Prothesen ausgestattet wurden. Zudem wurden 2000 Rollstühle und 19 000 Krücken bereitgestellt, die grösstenteils vor Ort produziert wurden.

Betreuung von Gefangenen/Wiederherstellung der Familienbande
– Alle Gefangenen sehen und Zugang zu allen Gefängnissen haben
– Gefangene eigener Wahl ohne Zeugen befragen
– Besuche so oft wiederholen, wie es das IKRK als notwendig erachtet
– Listen von Gefangenen erstellen
– Familienbande wiederherstellen, Zusammenführung von Familien

IKRK-Delegierte besuchten im Jahr 2005 528 611 Gefangene in 2594 Gewahrsamsorten. 25 800 dieser Gefangenen wurden 2005 erstmals registriert und besucht.

Das IKRK sammelte und übermittelte im Jahr 2005 rund 959 500 kurze persönliche Botschaften an Verwandte, mit denen der Kontakt infolge Konflikten, ausgedehnten Unruhen oder Spannungen abgebrochen war.

Das IKRK lokalisierte 6400 Personen, deren Angehörige einen Suchantrag gestellt hatten.

Das IKRK verhalf 1650 Personen zur Zusammenführung mit ihren Familien. Es stellte Reisedokumente aus, die es 6785 Personen ermöglichten, in ihr Land oder in ein Aufnahmeland einzureisen.

Organisation des Internationalen Komitees vom Roten Kreuz (IKRK)

Die Versammlung des IKRK (Assemblée) ist das oberste entschliessende Organ des IKRK, das alle Tätigkeiten überwacht. Die Versammlung formuliert die Politik der Institution, definiert ihre allgemeinen Zielsetzungen und ihre Strategie. Ferner billigt sie den Haushalt und die Rechnungslegung. Sie delegiert gewisse Verantwortlichkeiten an den Versammlungsausschuss.

Die Versammlung hat kollegialen Charakter und setzt sich aus den 15 bis 25 Mitgliedern des Internationalen Komitees zusammen, alles Schweizer Bürger und Bürgerinnen. Ihr Präsident und ihre zwei Vizepräsidenten sind der Präsident und die Vizepräsidenten des IKRK. Die Versammlung tritt alle zwei Monate zusammen.

Der Versammlungsausschuss (Conseil de l'Assemblée) ist ein Unterorgan der Versammlung und umfasst fünf von der Versammlung gewählte Mitglieder des Internationalen Komitees. Unter dem Vorsitz des IKRK-Präsidenten bereitet er das Arbeitsprogramm der Versammlung vor und trifft Entscheidungen, namentlich zu Strategie, Mittelbeschaffung, Personal und Kommunikation. Er ist Bindeglied zwischen Direktion und der Versammlung, der er regelmässig Bericht erstattet. Der Versammlungsausschuss trifft sich einmal pro Monat.

Das dreiköpfige Präsidium besteht aus dem Präsidenten, einem ständigen und einem nichtständigen Vizepräsidenten. Der Präsident des IKRK trägt die Hauptverantwortung für die Aussenbeziehungen der Organisation. Als Präsident der Versammlung und des Versammlungsausschusses stellt er sicher, dass die Zuständigkeitsbereiche dieser beiden Organe gewahrt werden. Der Präsident unterhält einen ständigen Dialog mit der Direktion über alle Aktivitäten des IKRK.

Die sechsköpfige Direktion ist das ausführende Organ des IKRK. Ihre Mitglieder sind der Generaldirektor und die Leiter der fünf Departemente des IKRK: Operationen, Völkerrecht und Zusammenarbeit in der Bewegung, Kommunikation, Personal, Mittelbeschaffung und operationelle Unterstützung. Aufgabe der Direktion ist es, die allgemeinen Zielsetzungen des IKRK zu definieren und umzusetzen sowie die von der Versammlung oder vom Versammlungsausschuss festgelegte Strategie der Institution anzuwenden. Die Direktion stellt sicher, dass die Organisation und ihre Verwaltungsstruktur reibungslos und effizient arbeiten.

Die Versammlung (Assemblée)

Jakob Kellenberger, Präsident, Dr. phil. I, ehemaliger Staatssekretär für auswärtige Angelegenheiten (Mitglied seit 1999, Präsident seit 2000).

Olivier Vodoz, lic. iur., Vizepräsident, Rechtsanwalt, ehemaliger Präsident des Staatsrates des Kantons Genf (1998)

Jacques Forster, Ständiger Vizepräsident, Dr. rer. pol., Professor am Universitätsinstitut für Entwicklungsfragen Genf (1988)

Paolo Bernasconi, lic. iur., Rechtsanwalt, Professor für Steuer- und Wirtschaftsstrafrecht an den Universitäten St. Gallen, Zürich und Mailand (Bocconi), ehemaliger Generalstaatsanwalt in Lugano (1987)

Susy Bruschweiler, Krankenschwester, ehemalige Direktorin der Krankenschwesterschule des Schweizerischen Roten Kreuzes, CEO SV-Gruppe (1988)

Jacques Moreillon, lic. iur., Dr. rer. pol., ehemaliger Generalsekretär des Weltpfadfinderbundes, ehemaliger Generaldirektor des IKRK (1988)

Daniel Thürer, Dr. iur., LL.M. (Cambridge), Professor für Völkerrecht und Europarecht an der Universität Zürich (1991)

André von Moos, Dr. iur., lic. oec., SMP-Zertifikat der Harvard Business School, ehemaliger Präsident der von-Moos-Gruppe, Unternehmer (1998)

Gabrielle Nanchen, Sozialwissenschafterin, alt Nationalrätin (1998)

Jean de Courten, lic. iur., ehemaliger Delegierter und ehemaliger Direktor für operationelle Einsätze des IKRK (1998)

Jean-Philippe Assai, Professor für Medizin, ehemaliger Leiter der Institutsabteilung für die Behandlung chronischer Krankheiten an der Medizinischen Fakultät der Universität Genf (1999)

Jean Abt, Landwirt, Instruktionsoffizier, Korpskommandant a. D. (2001)

Yves Sandoz, Dr. iur., Lehrbeauftragter an der Universität Genf, ehemaliger Direktor für Völkerrecht und Zusammenarbeit innerhalb der Rotkreuz- und Rothalbmond-Bewegung (2002)

Claude Le Coultre, Professorin an der Medizinischen Fakultät der Universität Genf, Vizerektorin, beauftragt mit den humanitären Beziehungen und der Zusammenarbeit mit den Ländern des Südens und des Ostens (2004)

Christine Beerli, lic. iur., Rechtsanwältin, Direktorin der Berner Hochschule für Technik und Informatik der Fachhochschule Bern, alt Ständerätin (2005)

Paola Ghillani, Apothekerin der Universität Lausanne, Zertifikat des IMD, Unternehmerin, ehemalige Generaldirektorin der Stiftung Max Havelaar Schweiz (2005)

Versammlungsausschuss (Conseil de l'Assemblée)

Jakob Kellenberger, Präsident

Jacques Forster, ständiger Vizepräsident

Jean Abt, Mitglied IKRK

Jean de Courten, Mitglied IKRK

Jacques Moreillon, Mitglied IKRK

Direktion

Angelo Gnädinger, Generaldirektor

Pierre Krähenbühl, Direktor für operationelle Einsätze

Jacques Stroun, Direktor für Personalwesen

Doris Pfister, Direktorin für Mittelbeschaffung und operationelle Unterstützung

Yves Daccord, Direktor für Kommunikation

Philip Spoerri, Direktor für Völkerrechtsfragen und Zusammenarbeit innerhalb der Rotkreuz- und Rothalbmond-Bewegung

197

Lebenslauf Jakob Kellenberger

Geb. 19.10.1944 in Heiden AR

1950–63   Schulen in Heiden und Arbon TG, kaufmännische
Lehre in Basel

1967   Eidg. Matura Typ B (Latein)
kaufmännische Tätigkeit in verschiedenen Unternehmen

1967–72 Studium an der Universität Zürich mit Studienaufenthalten in Tours und Granada
Hauptfach: Geschichte der französischen Sprache und
Literatur
1. Nebenfach: Spanische Literatur
2. Nebenfach: Geschichte der spanischen Sprache

1972   Lizenziatsexamen
Lizenziatsarbeit: ‹De la nécessité de subordonner
l'esthétique à l'éthique chez Jean-Jacques Rousseau›

1973   Aufnahmeprüfung in den diplomatischen Dienst

1974   Promotion zum Doktor der Philosophie an der Universität Zürich. Doktorarbeit: ‹Calderon de la Barca und
das Komische unter besonderer Berücksichtigung der
ernsten Schauspiele›

1974   Eintritt in den diplomatischen Dienst der Eidgenossenschaft

1975–76 Attaché auf der Botschaft in Madrid

1976–81 Botschaftssekretär in der Mission bei den Europäischen
Gemeinschaften in Brüssel, u. a. Sekretär der gemischten
Ausschüsse der Freihandelsabkommen Schweiz-EWG/
Mitgliedstaaten der EGKS

1981–84 Botschaftssekretär/Botschaftsrat in London, Chef des
Wirtschafts- und Finanzdienstes und zuständig für
Europafragen

1984–92 Chef des Integrationsbüros EDA/EVD
(zuständig für die Beziehungen zur EU und zur EFTA)
ab 1984 als Minister, ab 1988 als Botschafter

1989–91 Chef der schweizerischen Delegation in den Transitverhandlungen mit der EU

1990–92 Stellvertretender schweizerischer Chefunterhändler in den EWR-Verhandlungen mit der EU

1994–98 Koordinator und Chefunterhändler der bilateralen sektoriellen Verhandlungen mit der EU (sog. Bilaterale I)

1992–99 Staatssekretär für auswärtige Angelegenheiten, Stv. des Departementschefs und Leiter der Politischen Direktion

seit Januar 2000 Präsident des Internationalen Komitees vom Roten Kreuz

Auszeichnungen

2003 Dr. honoris causa der juristischen Fakultät der Universität Basel

2005 Verleihung der Medaille ‹Genève reconnaissante› durch die Stadt Genf

2006 Dr. honoris causa der Fakultät für politische Wissenschaften der Universität Catania

Jakob Kellenberger ist seit 1973 mit seiner Studienfreundin Elisabeth Jossi verheiratet, die heute am Collège Rousseau in Genf Spanisch unterrichtet. Das Ehepaar hat zwei Töchter, Eleonore und Christina.